国家出版基金资助项目
"十四五"时期国家重点出版物出版专项规划项目
湖北省公益学术著作出版专项资金资助项目
工业互联网前沿技术丛书

高金吉 鲁春丛 ◎ 丛书主编
中国工业互联网研究院 ◎ 组编

工业大数据技术与示范案例

明新国 张先燏 刘仁俊 ◎ 编著

INDUSTRIAL BIG DATA TECHNOLOGY AND DEMONSTRATION CASES

中国·武汉

内 容 简 介

本书面向智能制造应用需求,以工业大数据技术与数字化生产线故障定位技术深度融合为主线,主要内容包括大数据技术概述,工业大数据技术发展概述,基于大数据分析的彩色滤光片生产线故障定位框架,彩色滤光片生产线过程数据分析技术,彩色滤光片生产线警报数据分析技术,彩色滤光片生产线故障定位信息融合技术,基于工业大数据的数字化生产线故障定位技术示范案例。

本书可作为广大工程技术人员,特别是与工业大数据、智能制造相关的从业人员,以及高等院校机械类、自动化类专业研究生的参考书。

图书在版编目(CIP)数据

工业大数据技术与示范案例 / 明新国,张先燏,刘仁俊编著. -- 武汉 : 华中科技大学出版社,2025.1. -- (工业互联网前沿技术丛书). -- ISBN 978-7-5772-1455-9

Ⅰ. F407.4

中国国家版本馆 CIP 数据核字第 2024TZ6020 号

工业大数据技术与示范案例
Gongye Dashuju Jishu yu Shifan Anli

明新国　张先燏　刘仁俊　编著

出 版 人:阮海洪	
策划编辑:张少奇　俞道凯	
责任编辑:刘　飞	
封面设计:蓝畅设计	
责任监印:朱　玢	

出版发行:华中科技大学出版社(中国•武汉)　　电话:(027)81321913
　　　　　武汉市东湖新技术开发区华工科技园　　邮编:430223

录　　排:武汉市洪山区佳年华文印部
印　　刷:武汉市洪林印务有限公司
开　　本:710mm×1000mm　1/16
印　　张:9.25
字　　数:157千字
版　　次:2025年1月第1版第1次印刷
定　　价:98.00元

本书若有印装质量问题,请向出版社营销中心调换
全国免费服务热线:400-6679-118　　竭诚为您服务
版权所有　侵权必究

工业互联网前沿技术丛书

顾　问

李培根（华中科技大学）　　　黄　维（西北工业大学）　　　唐立新（东北大学）

编委会

主任委员： 高金吉（北京化工大学）　　　鲁春丛（中国工业互联网研究院）

委　员：

朱洪波（南京邮电大学）　　　刘　驰（北京理工大学）

江志农（北京化工大学）　　　孙建国（西安电子科技大学）

李　骏（南京理工大学）　　　李军旗（富士康工业互联网股份有限公司）

邱才明（华中科技大学）　　　佟为明（哈尔滨工业大学）

沈卫明（华中科技大学）　　　张　俊（武汉大学）

明新国（上海交通大学）　　　郑　英（华中科技大学）

郑泽宇（中国科学院沈阳自动化研究所）　　贾云健（重庆大学）

黄　罡（北京大学）　　　　　黄　韬（北京邮电大学）

彭木根（北京邮电大学）　　　蔡　亮（浙江大学）

蔡鸿明（上海交通大学）　　　管海兵（上海交通大学）

工业互联网前沿技术丛书

组编工作委员会

组编单位： 中国工业互联网研究院

主任委员： 罗俊章　　王宝友

委　　员： 张　昂　　孙楚原　　郭　菲　　许大涛　　李卓然　　李紫阳　　姚午厚

作者简介

▶ **明新国** 教授，上海交通大学机械与动力工程学院博士生导师，1995年博士毕业于上海交通大学机械工程系，现任国际数据空间(IDS)中国研究实验室主任，曾任中国服务型制造联盟专家委员会副主任委员，中国工业服务联盟专家组组长，《国家智能制造标准体系建设指南》修订工作组专家，中国个性化定制联盟专家组成员，中国信息消费推进联盟专家组成员，上海交通大学生产性服务业创新中心主任，上海市经济和信息化委员会委员，上海市推进信息化与工业化融合研究中心主任，新加坡制造技术研究院研究科学家和美国麻省理工学院访问学者。主要从事数据空间、数据基础设施、工业人工智能、工业互联网、工业大数据、智能制造系统、智能产品创新生态系统、服务型制造（智能产品服务生态系统）、绿色设计和供应链、精益企业与管理等领域研究，当选2014、2015、2016、2017年度爱思唯尔"中国高被引学者"（工业和制造工程领域），发表论文200余篇，出版专著10本，曾经担任 Concurrent Engineering: Research and Applications、Business Process Management Journal 等编委会委员，承接或参加国家和上海市资助的产品研发设计、智能制造、服务型制造、绿色制造、工业互联网、工业大数据等产学研合作项目70余项。

作者简介

▶ **张先燏** 博士，上海交通大学机械与动力工程学院硕士生导师，2020年博士毕业于上海交通大学，并获得上海市优秀毕业生（博士）称号。主要从事智能制造、工业智能化、大规模个性化定制、企业数字化转型等领域研究，发表论文60余篇，出版专著6本，部分成果被国际著名科技机构遴选为关键科学论文（入选率在0.1%以内）并做专题报道。承接或参与30余项国家自然科学基金面上项目、国家智能制造专项、国家绿色制造专项、上海市工业互联网专项、上海市工业大数据专项、上海市工业人工智能专项等产学研合作项目。在物联网、智能制造等方向，参与多项国际、国家及行业相关标准的研制与制定。现为卡奥斯工业智能研究院"新一代工业智能技术领域"特聘专家、邦得科技控股集团智能制造高级顾问、中国自动化学会3D打印与社会制造专业委员会委员、国际数据空间(IDS)中国研究实验室日常运营负责人、新一代工业智能技术联合研究中心技术负责人；SCI期刊 *Sustainability* 客座编辑、*Journal of Modern Industry and Manufacturing*、*Mechatronics Technology*、*AI and Autonomous Systems* 等期刊的编委；长期担任IJPR、JIM、CIE、JCLP、AEI、IEEE *Transaction* 等国际知名期刊审稿专家。

▶ **刘仁俊** 硕士，2019年硕士毕业于上海交通大学机械与动力工程学院机械工程系，现任英伟达半导体科技（上海）有限公司自动驾驶大数据开发高级工程师。从事智能制造、大数据分析、故障定位等领域研究，发表论文4篇，获软件著作权1份，参与多项国家自然科学基金面上项目、上海市工业大数据专项等产学研合作项目。

总序一

工业互联网是新一代信息通信技术与工业经济深度融合的全新工业生态、关键基础设施和新型应用模式。它以网络为基础，以平台为中枢，以数据为要素，以安全为保障，通过对人、机、物的全面连接，变革传统制造模式、生产组织方式和产业形态，构建起全要素、全产业链、全价值链、全面连接的新型工业生产制造和服务体系，对提升产业链现代化水平、促进数字经济和实体经济深度融合、引领经济高质量发展具有重要作用。

"工业互联网前沿技术丛书"是由中国工业互联网研究院与华中科技大学出版社共同发起，为服务"工业互联网创新发展"国家重大战略，贯彻落实"互联网＋先进制造业""第十四个五年规划和2035年远景目标"等国家政策，面向世界科技前沿、面向国家经济主战场和国防建设重大需求，精准策划，汇集中国工业互联网先进技术的一套原创科技著作。

本丛书立足国际视野，聚焦工业互联网国际学术前沿和技术难点，助力我国制造业发展和高端人才培养，展现了我国工业互联网前沿科技领域取得的自主创新研究成果，充分体现了权威性、原创性、先进性、国际性、实用性等特点。为此，向为本丛书出版付出聪明才智和辛勤劳动的所有科技工作人员表示崇高的敬意！

中国正处在举世瞩目的经济高质量发展阶段，应用工业互联网前沿技术振兴我国制造业天地广阔，大有可为！本丛书主要汇集国内高校和科研院所的科研成果及企业的工程应用成果。热切希望我国IT人员与企业工程技术人员密切合作，促进工业互联网平台落地生根。期望本丛书这一绚丽的科技之花在祖国大地上结出丰硕的工程应用之果，为"制造强国、网络强国"建设作出新的、更大的贡献。

中国工程院院士

中国工业互联网研究院技术专家委员会主任

北京化工大学教授

2023 年 5 月

总序二

工业互联网作为新一代信息通信技术与工业经济深度融合的全新工业生态、关键基础设施和新型应用,是抢抓新一轮工业革命机遇的重要路径,是加快数字经济和实体经济深度融合的驱动力量,是新型工业化的战略支撑。党中央高度重视发展工业互联网,作出深入实施工业互联网创新发展战略、持续提升工业互联网创新能力等重大决策部署。习近平总书记在党的二十大报告中强调,我国要推进新型工业化,加快建设制造强国、网络强国,加快发展数字经济,促进数字经济和实体经济深度融合。这为加快推动工业互联网创新发展指明了前进方向,提供了根本遵循。

实施工业互联网创新发展战略以来,我国工业互联网从无到有、从小到大,走出了一条具有中国特色的工业互联网创新发展之路,取得了一系列标志性、阶段性成果。工业企业积极运用新型工业网络改造产线车间,工业互联网标识解析体系建设不断深化,新型基础设施广泛覆盖;国家工业互联网大数据中心体系加快构建,区域和行业分中心建设有序推进;综合型、特色型、专业型的多层次工业互联网平台体系基本形成,国家、省、企业三级协同的工业互联网安全技术监测服务体系初步建成;产业创新能力稳步提升,端边云计算、人工智能、区块链等新技术在制造业的应用不断深化,时间敏感网络芯片、工业5G芯片/模组/网关的研发和产业化进程加快,在大数据分析专业工具软件、工业机理模型、仿真引擎等方面突破了一系列平台发展瓶颈;行业融合应用空前活跃,应用范围逐步拓展至钢铁、机械、能源等45个国民经济重点行业,催生出平台化设计、智能化制造、网络化协同、个性化定制、服务化延伸、数字化管理等典型应用模式,有力促进工业企业提质、降本、增效及绿色、安全发展;5G 技术与工业互联网深度融合,远程设备操控、设备协同作业、机器视觉质检等典型场景加速普及。

征途回望千山远,前路放眼万木春。面向全面建设社会主义现代化国家新征程,工业互联网创新发展前景光明、空间广阔、任重道远。为进一步凝聚发展共识,展现我国工业互联网理论研究和实践探索成果,中国工业互联网研究院联合华中科技大学出版社启动"工业互联网前沿技术丛书"编撰工作。本丛书聚焦工业互联网网络、标识、平台、数据、安全等重点领域,系统介绍网络通信、数据集成、边缘计算、控制系统、工业软件等关键核心技术和产品,服务工业互联网技术创新与融合应用。

本丛书主要汇集了高校和科研院所的研究成果,以及企业一线的工程化应用案例和实践经验。由于工业互联网相关技术应用仍处在探索、更迭进程中,书中难免存在疏漏和不足之处,诚请广大专家和读者朋友批评指正。

是为序。

中国工业互联网研究院院长

2023 年 5 月

前言

　　工业大数据指的是在各个工业领域当中，传统智能制造业模式下整个产品的全生命周期环节所产生的各类数据以及相关技术或应用的统一名称。制造产品数据是工业大数据的核心内容，它不断地开阔工业大数据的范围，不仅从工业大数据技术上获得新的技术创新，同时在应用上也展现出新的发展。

　　工业大数据的价值是通过对数据的采集、存储、分析等关键技术来提升新产品的研发、设计、工艺、制造、管理、供应、服务等各个环节的智能化水平，并且满足用户的个性化定制需求，在降低产品的生产成本时也提高其生产效率，大大地为用户创造出新的价值属性。工业大数据的关键技术是由数据存储与管理、数据分析、数据服务、数据应用组成的。在工业领域，大数据的应用已经逐渐成为推动工业转型升级的重要驱动力。通过对大数据的采集和存储，可以获得海量的数据资源，为工业生产和管理提供强有力的支持。数据分析是工业大数据的核心环节，通过对大数据的深入挖掘和分析，可以发现隐藏在大数据背后的规律和价值，为企业决策提供科学依据。数据服务是将数据应用于实际生产和管理过程的重要环节，通过构建数据服务平台，可以将数据转化为有用的信息，为企业提供个性化的解决方案。数据应用是工业大数据的最终目标，通过将数据应用于产品设计、工艺改进、供应链管理等方面，可以实现产品质量的提升和生产效率的提高。总的来说，工业大数据是实现智能化生产和管理的重要手段，可以为企业创造出新的价值属性，提升产品的竞争力和用户体验。在未来的发展中，工业大数据将发挥越来越重要的作用，成为推动工业转型升级的重要驱动力。

鉴于此,本书聚焦于工业大数据领域内的主体内容,由浅到深地介绍了工业大数据的前沿发展趋势和知识体系,通过理论结合实际运用,阐述工业大数据的发展现状。本书分为 7 章:第 1 章为大数据技术概述,涵盖了大数据技术发展与应用趋势、发展新趋势、生态圈,以及基于大数据的价值创造;第 2 章介绍了工业大数据的来源和目前的一些分析模型、数据汇聚、企业应用和人才培养等方面的发展,同时对基于工业大数据的数字化生产线故障定位技术进行了概述;第 3 章介绍了基于大数据分析的彩色滤光片生产线故障定位框架,包括故障定位的基础框架和主要流程、存在的问题和解决方法;第 4 章介绍了彩色滤光片生产线过程数据分析技术,对生产线故障定位问题进行了分析,然后重点围绕着基于变异二进制粒子群优化的 Xgboost 过程数据分析技术来进行示例验证;第 5 章介绍了彩色滤光片生产线警报数据分析技术,阐述了警报数据用于故障定位的问题分析,开展了基于概率相关性层次聚类的警报数据分析技术的示例验证;第 6 章介绍了彩色滤光片生产线故障定位信息融合技术,重点分析了多源故障定位信息融合的问题,利用基于信度熵改进 D-S 证据理论信息融合技术完成示例验证;第 7 章介绍了工业大数据的数字化生产线故障定位技术在行业中的应用。

本书由上海交通大学机械与动力工程学院明新国教授、张先燏博士,英伟达半导体科技(上海)有限公司刘仁俊编著。上海交通大学机械与动力工程学院的郑文杰(Jacky Wenky Zheng Lu)、王泽潇、海峥崴等硕士研究生和郑茂宽、孙兆辉等博士研究生参与了全书的整理与修订工作,特此表示感谢;还要向参考文献的作者表示感谢,并对未能注明出处的文献的原作者表示歉意。本书的出版得到了国家出版基金、湖北省公益学术著作出版专项资金的资助和华中科技大学出版社的大力支持和帮助。

本书内容涉及多个学科,学科类型交叉融合,覆盖面广泛。由于作者学识有限,书中难免出现遗漏或不妥之处,恳请广大读者和同行批评指正。

作 者

2024 年 10 月

目录

第1章 大数据技术概述 /1

1.1 大数据技术发展与应用趋势 /1

 1.1.1 大数据时代 /2

 1.1.2 大数据的应用 /3

 1.1.3 大数据分析 /6

 1.1.4 大数据的演进 /6

1.2 大数据技术发展新趋势 /11

 1.2.1 DONA /12

 1.2.2 Handle 的运用 /17

 1.2.3 NDN /19

1.3 大数据生态圈 /20

1.4 基于大数据的价值创造 /22

第2章 工业大数据技术发展概述 /25

2.1 工业大数据技术 /25

 2.1.1 工业大数据来源 /25

 2.1.2 工业大数据方法论 /28

 2.1.3 工业大数据分析模型 /28

 2.1.4 工业大数据的数据汇聚 /31

 2.1.5 基于工业大数据的工业互联网平台 /35

 2.1.6 工业大数据人才培养 /41

2.2 基于工业大数据的数字化生产线故障定位技术 /45

 2.2.1 数字化生产线发展概述 /45

  2.2.2　故障定位技术概述　/46
 2.3　总结与展望　/49

第3章　基于大数据分析的彩色滤光片生产线故障定位框架　/51
 3.1　引言　/51
 3.2　故障定位基础框架与主要流程　/52
 3.3　彩色滤光片生产线　/53
 3.4　生产线数据的组成　/56
 3.5　故障识别中存在的问题　/57
  3.5.1　加工过程数据分析存在的困难　/57
  3.5.2　机台警报数据分析存在的困难　/58
 3.6　定位决策中存在的问题　/58
 3.7　彩色滤光片生产线故障定位问题的解决方法分析　/59
  3.7.1　去冗余常用的特征选择技术　/59
  3.7.2　过程数据分析常用的分类算法　/60
  3.7.3　警报数据分析常用的聚类算法　/62
  3.7.4　信息融合算法　/63
 3.8　故障定位技术框架介绍　/64

第4章　彩色滤光片生产线过程数据分析技术　/67
 4.1　引言　/67
 4.2　生产线故障定位问题分析　/67
 4.3　基于变异二进制粒子群优化的Xgboost过程数据分析技术　/69
  4.3.1　初始化粒子群　/70
  4.3.2　Xgboost算法与适应度计算　/71
  4.3.3　粒子群的迭代更新　/71
  4.3.4　按比例的变异交叉　/73
  4.3.5　故障机台可疑排序　/73
 4.4　示例验证　/74
  4.4.1　MCBPSO算法相关参数设置与分析　/74
  4.4.2　示例验证结果　/76

第5章　彩色滤光片生产线警报数据分析技术　/78
 5.1　引言　/78
 5.2　警报数据用于故障定位的问题分析　/79

5.3 基于概率相关性层次聚类的警报数据分析技术 /80
    5.3.1 基于概率相关性层次聚类的警报数据故障定位技术框架 /80
    5.3.2 离散故障活动高斯分布转换 /81
    5.3.3 警报类型间相关度的计算 /84
    5.3.4 警报相关性的力导向图构建 /86
    5.3.5 力导向图的层次聚类 /88
    5.3.6 警报类团根本原因故障机台排序 /89
5.4 示例验证 /89

第6章 彩色滤光片生产线故障定位信息融合技术 /92
6.1 引言 /92
6.2 多源故障定位信息融合问题分析 /93
6.3 基于信度熵改进的 D-S 证据理论信息融合技术 /93
    6.3.1 D-S 证据理论及传统融合规则 /94
    6.3.2 计算各证据理论及传统融合规则 /95
    6.3.3 基于权重计算参考证据 /95
    6.3.4 证据信度熵融合及综合故障定位判断生成 /96
6.4 示例验证 /96

第7章 基于工业大数据的数字化生产线故障定位技术示范案例 /100
7.1 系统概述 /100
7.2 构建故障定位大数据分析模型 /101
7.3 生产线故障定位算法求解与验证 /102
    7.3.1 数据准备 /102
    7.3.2 基于变异二进制粒子群优化的 Xgboost 过程数据分析技术实验 /105
    7.3.3 基于概率相关性层次聚类的警报数据故障定位技术实验 /108
    7.3.4 基于信度熵改进的 D-S 证据理论信息融合技术实验 /110
    7.3.5 实验结果与应用分析 /112
7.4 原型系统设计 /112
    7.4.1 系统开发工具 /112
    7.4.2 系统架构设计 /113

   7.4.3　功能设计　/114

   7.4.4　系统软硬件环境　/115

  7.5　原型系统界面　/116

   7.5.1　主界面　/116

   7.5.2　产品品质诊断界面　/116

   7.5.3　缺陷自动分类界面　/116

   7.5.4　异常机台定位界面　/117

参考文献　/121

致谢　/128

第 1 章
大数据技术概述

1.1 大数据技术发展与应用趋势

大数据(big data)是指无法在容许的时间内用常规软件工具对其内容进行抓取、管理和处理的数据集合。大数据规模的标准是持续变化的,当前泛指单一数据集的大小在几十 TB 和数 PB 之间。

大数据技术发展的变化主要表现在四大方面,分别为:

(1) 数据总量变化。

(2) 数据形态变化。

(3) 数据关联变化。

(4) 数据服务变化。

大数据得到了国内外政府、产业界、学术界的重视:

(1) 2008 年,*Nature* 杂志社申请了 *Big Data* 专刊。

(2) 2011 年 2 月,*Science* 杂志社同样申请了 *Dealing with Big Data* 专刊。

(3) 2011 年 6 月,麦肯锡(McKinsey)宣称"大数据是创新、竞争和生产力的下一个前沿"。

(4) 2012 年 1 月,达沃斯世界经济论坛也称大数据和大影响是国际发展的新可能性。

(5) 2012 年 3 月,美国奥巴马政府发布《大数据研究与发展倡议》。

(6) 2012 年 5 月,联合国 Global Pulse 的倡议项目声称大数据是促进发展的挑战与机遇。

(7) 之后纽约时报也发布了 *The Age of Big Data* 专刊。

自 2012 年 3 月美国政府发布《大数据研究与发展倡议》以来,大数据技术在如图 1-1 所示的各个方面都有卓越的发展。

图 1-1 大数据技术的发展

1.1.1 大数据时代

随着互联网技术的不停发展以及信息技术的日益成熟,大数据在金融、资讯、文娱、电商等行业被广泛地使用。大数据时代已经全面到来,这是一个数据爆炸的年代。数据量出现爆炸式增长。大数据时代的到来,给我们的生活带来了翻天覆地的变化。通过对海量数据的收集、存储、分析和应用,我们能够更好地了解用户需求、市场趋势、产品优化等。大数据的应用不仅提高了工作效率,还为我们的生活带来了便利。然而,大数据时代的认识还需要深入。大数据时代不仅仅是数据量的增加,更多的是数据的深度挖掘与分析,以及对数据的运用。大数据时代需要我们具备数据分析、数据挖掘和数据应用的能力,只有这样,我们才能在这个时代中不断进步、创新。大数据时代的挑战也是巨大的,如数据安全、隐私保护等问题需要我们共同面对和解决。在大数据时代,我们需要不断学习和适应,保持对新技术和新知识的开放心态,才能更好地应对变化和挑战。大数据时代已经到来,我们需要不断拓展自己的思维和视野,与时俱进,才能在这个时代中真正发挥自己的作用。

目前,大数据历经了大数据 1.0、大数据 2.0、大数据 3.0 共三个时期,其特点分别如下。

1. 大数据 1.0

- 自身业务需求产生大量数据。
- 利用这些数据,通过深入论证与分析,优化相关业务。

- 数据指导决策。

2. 大数据 2.0

- 数据外部性。
- 利用复杂的分析和预测模型,针对目标业务进行输出。
- 数据即决策。

大数据 2.0 主要从智能化、个性化以及移动化三个方面呈现不同。

(1) 智能化方面,为及时分析和处理大数据,需要在感知、计算、传输、存储、挖掘、呈现等全过程引入更多的智能处理,例如边感知边计算等方式使得大数据转化为智能数据。

(2) 个性化方面,根据数据源和需求特点有效发挥大数据的优势。计算模式发生根本性变化,使得定制化开发更便于人们使用。同时大数据的工具是通用的,需求和分析是个性化的输入与结果,但也同样带来个人隐私和安全问题。

(3) 移动化方面,2013 年 5 月全球 15% 的互联网流量来自移动设备,到了 2014 年末该比例已增长到 40%。4G 是有史以来发展最快的通信制式,数据传输速度相比宽带有 10 倍增长。智能手机、平板已成为主要的大数据产生端和消费端。主要的移动终端成为物联网节点,表现在多种传感器和摄像头、GPS、Wi-Fi 等方面,可穿戴设备例如 Google 眼镜、Apple Watch 等开始流行,移动互联网、物联网已无处不在。

3. 大数据 3.0

- 对大数据质量、价值、权益、隐私、安全等产生充分认识,出台量化与保障措施。
- 数据运营商出现,数据市场形成,数据产品丰富,数据用户活跃。
- 学术团体、企业和政府通过大量异质数据和数据产品在科学、社会、经济等方面创造新价值。

大数据的三个支撑为科研、IT 和商业发展。2012 年 3 月,美国奥巴马政府发布了《大数据研究与发展倡议》,其中的研究框架是以算法、机器、人作为基础,对应机器学习、云计算、众包三个方面。

1.1.2 大数据的应用

目前大数据 3.0 的产业环境如图 1-2 所示。

我国大数据的产业价值链以政府为主导,如图 1-3 所示。

同时数据市场商业模式创新的痛点如下:

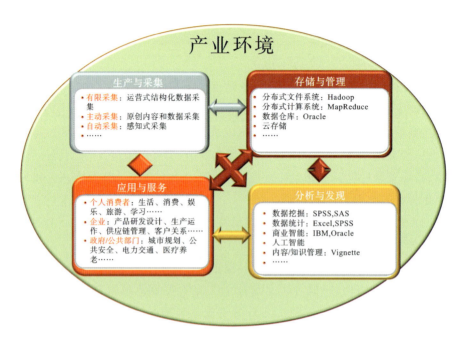

图 1-2 大数据 3.0 的产业环境

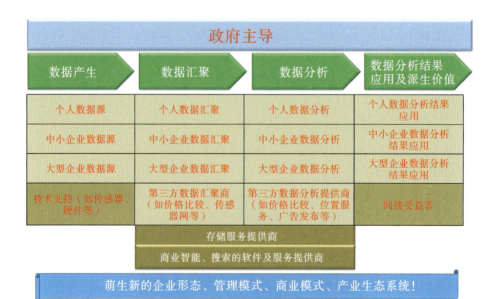

图 1-3 大数据产业价值链

- 用户

用户作为数据的产生者、拥有者,并没有从数据中获得收益。

- 数据需求方

无法通过合法手段获取有价值的数据和数据服务。

- 拥有数据的企业

无法利用数据创造价值(例如:电信运营商、银行、海关等企业)。

但若能实现数据市场的发展,数据市场将会是重要的基础设施,主要体现为出售数据或出售经过加工的数据产品将是未来大数据时代最重要的商业模式,即以有序的机制促进数据及数据应用在不同组织之间流通的数据市场将是未来大数据时代重要的商业基础设施及制度基础设施。

数据市场的价值特性主要表现为以下几点:

1. 数据的外部性

数据对第三方具有重大的价值。

2. 数据的网络效应

数据集合的总价值和不同数据类型总量的平方成正比。

3. 数据产业的聚集效应

数据资产的价值与数据加工者的数据密切相关。

大数据应用领域及行业如图 1-4 所示。

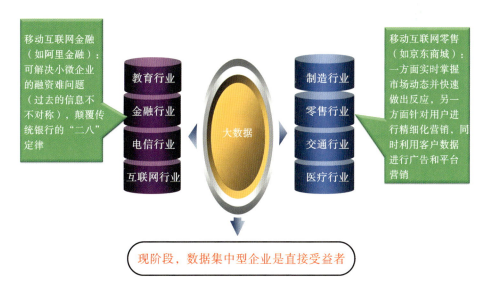

图 1-4 大数据应用领域及行业

1.1.3 大数据分析

大数据分析作为整理大数据的一种有效工具,为个性化产品的需求分析、设计、制造、服务等方面提供支持。例如制造业的数据来源渠道在不断增多,包括互联网/移动互联网、数码设备、物联网/传感器等,全球制造业的总体数据生产在高速增长,同时产品设计、制造、使用、服务等过程都会生成各种各样的数据。这些数据将成为一种宝贵的财富。而大数据分析将有效利用这些数据,为产品生命周期各阶段提供支持,其整体的分析业务流程如图1-5 所示。

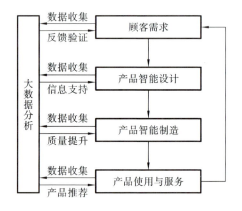

图 1-5 大数据分析业务流程

此外,从图 1-6 到图 1-11 分别展示了工业大数据和大数据分析在各个领域中的应用开发和价值创造。

1.1.4 大数据的演进

大数据演进的历程可以追溯到 20 世纪 90 年代,当时企业开始将海量的数据存储在数据库中。然而,由于当时的硬件和软件技术限制,这些数据并没有得到充分利用。随着计算机技术的发展,以及云计算和分布式系统的出现,大数据的概念被提出并逐渐引起广泛关注。

在 21 世纪初期,各大科技公司纷纷推出了自己的大数据解决方案,以应对日益增长的数据量和复杂性。这些方案主要集中在数据存储和处理方面,如分布式文件系统和分布式计算框架。这些技术的出现大大提高了数据的存储和处理效率,加速了大数据时代的到来。

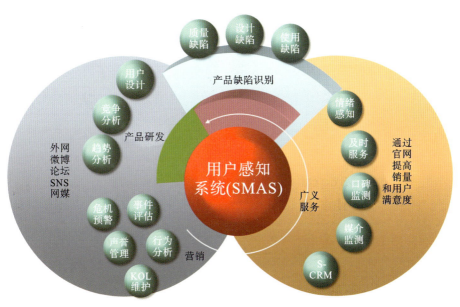

资料来源：大数据与金融行业渊源
注：SNS表示社交网络服务；KOL表示关键意见领袖；S-CRM表示社会化客户关系管理系统。

图1-6 大数据分析在产品全生命周期管理中的应用

资料来源：2015年《工业互联网：打破智慧与机器的界限》

图1-7 工业大数据的应用场景

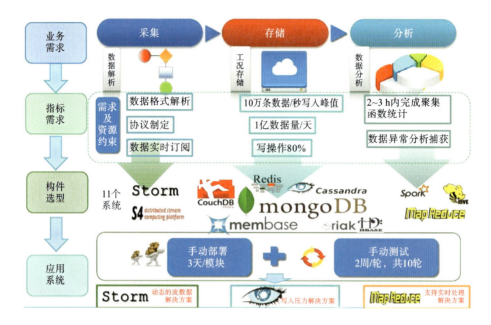

资料来源：2015年《工业互联网：打破智慧与机器的界限》

图1-8　大数据应用系统开发架构

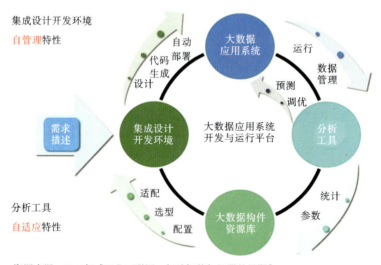

资源来源：2015年《工业互联网：打破智慧与机器的界限》

图1-9　大数据应用系统开发与运行

	研发与设计	供应链管理	产品	市场销售	售后服务
1 随着供应链建立一致的可互操作、跨职能研发和产品设计的数据库，以实现同步工程、快速实验和建模，以及共同创造为主要目的	✓				
2 汇集并广泛使用客户数据以提高服务水平，抓住绑定和升级销售的机会，实现从设计到价值	✓			✓	
3 通过虚拟合作网站获取和分享数据（以创意市场形式去实现众包）	✓			✓	
4 供应商使用外部变量实施先进的需求预测和供应计划		✓	✓	✓	
5 实施精益生产和虚拟生产模型（数字工厂），确保工业过程的透明化，并将瓶颈问题可视化			✓		
6 实施传感器数据驱动的运营分析，提高吞吐量并实现大规模定制			✓		
7 通过传感器收集售后数据并实时反馈触发售后服务和检测制造或设计缺陷的信息			✓	✓	✓

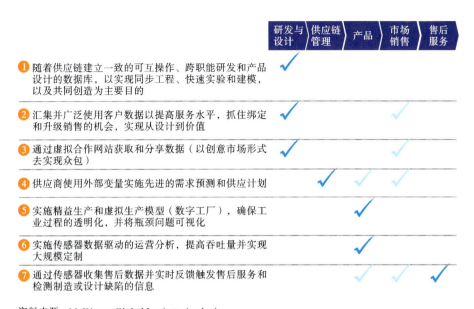

资料来源：McKinsey Global Institute Analysis

图 1-10　大数据分析在个性化产品制造价值链中的应用

		影响			
	研发	支出	收入	运营资金	
研发与设计	• 同步工程/PLM • 从设计到价值 • 众包	增加(20%～50%)的产品开发成本 增加30%的毛利率 减少25%的产品开发成本	减少(20%～50%)的运送时间		从高到低的复杂性 从高到低的复杂性 从B2C到B2B
供应链管理	• 需求预测和供应计划	增加(2%～3%)的利润率		一次性减少(3%～7%)	快速消费品–资本货物
产品	• 传感器数据的运营分析 • 精益制造的“数字工厂”	减少(10%～25%)的运营成本 减少(10%～50%)的装配成本	最多增加7%的收入 增加2%的收入		资本密集型–消费包装品 资本密集型–消费包装品
售后服务	• 用于售后服务的产品传感器数据	减少(10%～40%)的维护成本	增加10%的年产量		资本密集型–消费包装品

资料来源：Expert Interviews;Press and Literature Search;McKinsey Global Institute Analysis
注：PLM表示产品生命周期管理系统；B2C表示企业对消费者的电子商务模式；B2B表示企业对企业的电子商务模式。

图 1-11　大数据分析在个性化产品制造价值链中创造的价值

随着移动互联网的普及和社交媒体的兴起，大数据的应用范围也逐渐扩大。人们开始意识到，通过分析大数据可以获取更多的商业价值和洞察力。于是，各行各业纷纷投入大量资源进行数据采集和分析。企业的决策和创新显然依赖于大数据。

然而，随着大数据的快速增长，其面临的问题也日益凸显。传统的数据处理方法已经无法满足海量数据的需求，数据质量和隐私安全问题也成了亟待解决的难题。为了解决这些问题，人们提出了新的解决方案，如机器学习和人工智能。这些技术的引入，使得大数据的挖掘和应用变得更加高效和智能。

在将来，大数据的演变将因为物联网、人工智能和边缘计算等新科技的进步而迅速加速。数据的采集和处理将更加智能化和自动化，数据的应用场景也将更加丰富和多样化。大数据不仅将影响传统产业，还将推动新兴产业的发展。

总的来说，大数据的演进是一个不断创新和发展的过程。从数据存储和处理到数据分析和应用，大数据技术不断突破传统的限制，为人们带来了前所未有的机遇和挑战。图 1-12 至图 1-15 列出了不同时期大数据的维度特点。

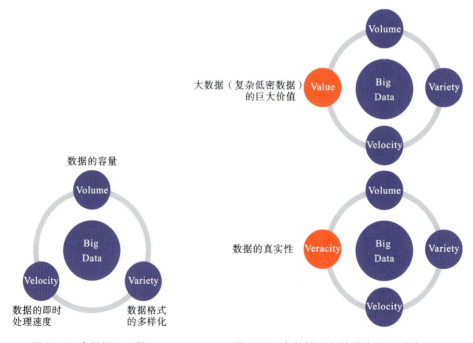

图 1-12　大数据 1.0 的维度(3V)特点

图 1-13　大数据 2.0 的维度(4V)特点

第 1 章 大数据技术概述

图 1-14　大数据 3.0 的维度(5V)特点

图 1-15　大数据的更多维度特点

1.2　大数据技术发展新趋势

随着科技的不断进步和数据的爆炸式增长,大数据的应用和发展也在不断创新与演变。在这个数字化时代,我们正处于面向数据驱动的新趋势下。其中,一些新兴技术和概念,如 DONA、徐工集团 Handle 系统和 NDN 等,正在谱写大数据发展的新篇章。

首先,我们来看 DONA(data-oriented network architecture),这是一种基于数据驱动的网络架构,旨在更高效地处理和传输大量数据。相较于传统的 IP 网络,DONA 提供了更智能、更灵活的路由和寻址方式,使数据能够更加高效地在网络之间传输。通过突破传统网络面临的瓶颈和限制,DONA 有望进一步推动大数据的应用和发展。

另一个引人注目的趋势是徐工集团 Handle 系统。Handle 系统是一个全球唯一标识符系统,使得在大规模数据管理和共享环境下精确识别和访问数据变得更加简单。徐工集团 Handle 系统可以帮助解决数据分散、数据重复以及数据标识和访问的复杂性问题。通过使用徐工集团 Handle 系统,我们可以更好地利用大数据资源,并更加高效地进行数据分享和协作。

此外,NDN(named data networking)也是大数据领域的一个重要趋势。NDN 是一种基于内容的网络架构,它将数据的内容和标识进行了解耦,使得数据可在网络中被直接请求和传送而无须关注其具体的位置。NDN 的核心思想是将数据命名为网络通信的主要单位,以此实现更高效的数据交换和共享。这种新的网络模型为大数据应用场景提供了更好的支持,使我们能够更加灵活地处理和分析大规模的数据。

总而言之,DONA、Handle 系统和 NDN 等新兴技术和概念是正在推动大数据发展的新趋势。通过这些创新的方法和架构,我们可以更好地利用和管理大数据资源,完成更高效、更智能的数据处理及应用。随着这些趋势的不停发展和成熟,我们有理由期待大数据应用将在更多领域取得突破,并为我们带来更多的机遇。

1.2.1　DONA

DONA(多纳基金会)还是一个多方共同管理的组织,除瑞士法律规定的情况外,不受政府的控制。其章程规定,DONA 的目标是促进技术协作、发展和应用,为数字对象架构(DOA)提供管理、软件开发等服务。DONA 的职责之一就是管理、提供和协调数字对象(DO)的标识符的注册、解析以及相关的安全信息。具体来说,DONA 为全局句柄注册(GHR)提供整体管理、维护,认证多极最高授权管理者(multi-primary administrator,MPA),并促进多个 MPA 间的协作。

- 数字对象架构(简称 DOA)是互联网架构的逻辑扩展,它满足了支持信息管理的需要,而不仅仅是从互联网中的一个位置以数字形式传递信息到另一个位置。
- DOA 实现了参与信息系统之间的互操作性,无论系统是否接入互联网。它是一种非专有架构,可公开获取。
- DOA 引入了数字对象的概念,它构成了体系结构的基础。
- DOA 还指定了三个核心组件和两个协议。这三个组件是标识符/解析系统、存储库系统和注册表系统。DOA 为标识符/解析系统定义了一个接口协议,并且定义了第二接口协议以供存储库和注册表系统使用。实际上,我们可以合并存储库和注册表系统组件。

● DOA 即面向数据的体系结构,采用"面向数据和以数据为核心"的思想,通过数据注册中心(DRC)、数据权限中心(DAC)和数据异常中心(DEC)统一定义数据、管理数据和提供数据服务;通过数据应用单元(DAUs)对各种应用进行管理和提供服务,建立一种数据大平台与碎片化应用的数据生态系统,为构建大数据时代从数据保护到授权应用整套机制的软件体系结构进行有益的探索。

● DOA 及其核心 Handle 系统是下一代互联网关键基础技术体系,具备为各类物理实体与数字对象提供全球唯一标识、信息解析、信息管理与安全控制等服务的能力,是数据资源管理体系的关键基础设施,可有效支撑工业互联网、物联网、大数据、智慧城市等领域创新融合发展。

DOA 体系结构图如图 1-16 所示。

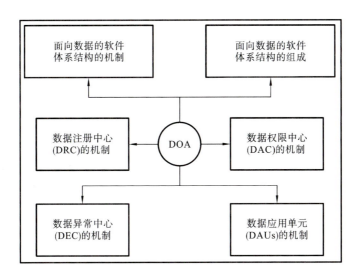

图 1-16 DOA 体系结构图

1. DOA 的体系结构

DOA 为开放式体系结构,通过面向数据的软件体系结构的机制、面向数据的软件体系结构的组成、数据注册中心(DRC)的机制、数据权限中心(DAC)的机制、数据异常中心(DEC)的机制和数据应用单元(DAUs)的机制,使用户能够定制和扩展系统的功能,以满足个人需求。DOA 具有以下特点。

(1)独立于供应商。

(2)属于非专有系统。

(3)基于官方/大众标准,允许所有供应商创建附加产品以增加系统的协议,具有:

① 灵活性;

② 多功能性;

③ 互操作性;

④ 潜在用途;

⑤ 使用寿命优势。

(4)数字对象具有持久唯一标识符(Handle)。

Handle 标识独立于:

① 位置;

② 所有权;

③ 物体类型;

④ 技术。

(5)开放定义协议和数据模型。

在原有的 ITU(国际电信联盟)系统中引用 DOA 机制,可增加系统与用户之间的反馈和互动,如图 1-17、图 1-18 所示。

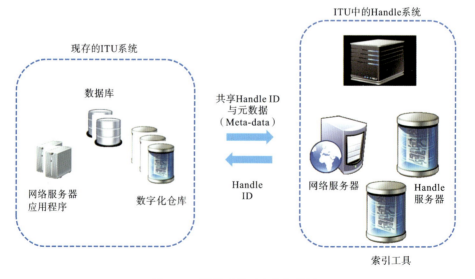

图 1-17　ITU 系统原有的架构图

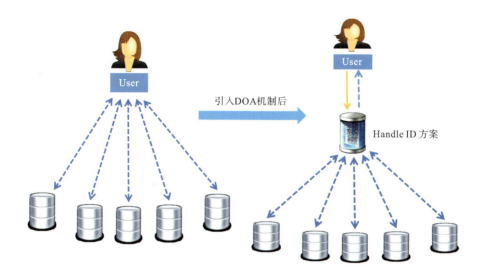

图 1-18 引用 DOA 机制后 ITU 系统的架构图

在 ITU 全球搜索系统上利用 DOA 可实现强大的搜索功能,分别体现于:① 系统的六种语音内置元数据;② 标记推荐等功能,如图 1-19、图 1-20 所示。

图 1-19 ITU 全球搜索系统

2. 启示与建议

(1) 探索构建数据治理基础设施。

要素市场化配置的前提是要素流动渠道畅通。对于作为数字化时代关键生产要素的数据,应打破不同行业、机构、部门、系统的利益纠葛和数据藩篱,把数据要素从具体的业务流程和系统功能中抽离出来、管理起来、利用开来,构建

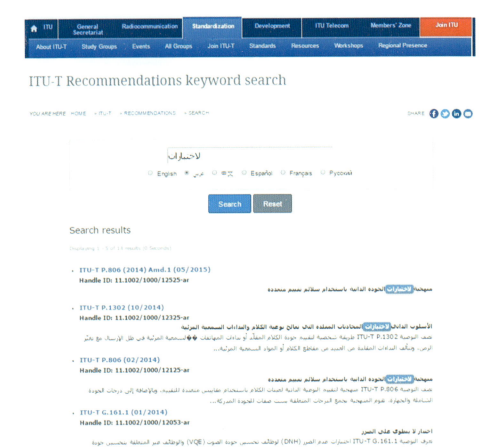

图 1-20　DOA 强大的搜索功能

数据要素存储、流动、交易、共享的一体化基础设施。DOA 具有开放共享、多中心化、管理灵活、安全可靠的特性，提供了数据共享和流动的全流程治理机制，既可以保证数据安全，又为打破数据壁垒、连通数据烟囱、弥合数字鸿沟提供了基础设施支持。后续，建议深化对 DOA 及 Handle 的理论研究和实践探索，探讨其技术成熟度、经济可行性、金融行业适配性和充当金融数据治理基础设施的可能性及借鉴意义，促进数据要素高效有序流动，通过数据要素融合催生"1＋1＞2"的化学反应，更好地赋能数字经济[1]。

（2）优化金融数据治理顶层设计。

一方面，建立健全金融数据产权制度。以法律法规的形式明确金融数据作为金融业生产要素的权属关系，建立并不断完善金融行业数据要素交易、共享和按贡献参与分配的体制机制,解决"数据属于谁"的问题。另一方面,规范构建金融数据治理标准化体系。建立数据采集、存储、管理、传输、处理、使用、销毁全生命周期标准化体系,为数据要素高效流动打通兼容性壁垒,解决"数据怎么用"的问题。此外,还要正视并处理好数据多样性和标准化之间的逻辑辩证关系。数据的标准化是相对的,多样性则是绝对的。数据标准化是一定范围内的标准化,做不到事无巨细、包罗万象。数据标准化也是一定时期内的标准化,做不到一劳永逸、一成不变。良好的顶层设计应当建立相应机制,兼容数据的多样性和动态演化特征,解决"数据怎么通"的问题。例如,DOA 及 Handle 就是将数据从不同的用户、系统和业务逻辑中抽离出来,不仅能够在兼容现有系统的基础上实现数据层面安全可控的互联互通,盘活历史遗留信息系统资产,节省新系统的开发和迁移成本,而且可以灵活配置和重新定义数据,为兼容异主、异构、异地的系统和数据源提供良好的机制支持。

(3) 聚力推动信息科技融合创新。

区块链是信息科技融合创新的典型案例。它本身并没有在基础理论、核心技术上实现革命性的突破,而是将分布式数据库、点对点传输、共识机制、非对称密钥算法等现有信息科技进行有机融合、创新应用。同理,物联网、5G 拓展了数据获取的渠道和速度,人工智能和大数据提高了数据分析处理的智能化和自动化水平,区块链贡献了分布式架构下数据不可篡改的良好机制,DOA 及 Handle 又为数据互联互通提供了全新解决方案,它们之间的有机整合和深度融合,将为金融数据治理注入强劲动力。例如,使用 DOA 及 Handle 整合不同行业和产业间的区块链,既可以保证区块链上数据的可信性和完整性,又可以打破"区块链孤岛",变区块链为"区块网",实现区块链间数据的互联互通。

(4) 积极参与全球金融数据治理。

主动加强和国际数据治理及数据标准化组织的沟通,促进人员、技术、项目和研究成果的交流互鉴,不断积累和吸收数据治理经验,提升我国金融数据治理水平。探索强化金融数据跨境流动协调和合作,在确保金融安全的前提下畅通数据要素全球市场化流动渠道和配置方式,推动建立共商、共建、共享的全球数据要素市场。积极参与全球金融数据标准、规范的研发制定和认证检测,在全球金融数据治理中主动作为,提升我国在全球金融数据治理中的制度性话语权。

1.2.2 Handle 的运用

基于 Handle 标识解析技术的徐州重工智能供应链系统平台以供应链上下

游企业异主、异地、异构系统间的信息共享为核心,将 Handle 技术在全球范围内首次应用于制造业领域,将来自不同信息系统的数据进行全球唯一标识并进行关联解析,可快速实现整机产品及核心零部件的全生命周期管理、库存及物流信息可视化等功能应用。

运用 Handle 系统便于实现以下功能。

1. 产品信息追溯

整机制造商、物流商、经销商及客户、维修服务商可借助 Handle 授权机制,通过 PC 端 Handle 解析或智能移动终端扫码解析,获取产品的相关技术参数、使用帮助、核心部件信息、物流运输状态等信息,实现产品信息追溯。

2. 采购计划同步

核心制造企业及其相关上下游企业都将产品信息、企业信息、动态物流信息接入 Handle 系统,通过其特有的信息关联机制实现跨系统、跨地区、跨平台的信息共享和资源整合,为企业提供分布式架构的数据管理工具和跨平台的增值服务。

核心企业生产计划实时转为采购计划,供应商可通过 Handle 系统自主解析实时获取新的采购需求及计划变动情况,安排生产及备货。

3. 零部件库存跟踪

基于 Handle 技术的信息共享机制,只需供应商创建一个接口将企业资源计划(ERP)系统中的产品库存数据每天根据需求定时(系统自动,非人为操作)上传至其本地的 Handle 系统解析平台,核心制造企业采购人员即可通过智能供应链平台查询到某供应商的某物料位于供应商本地、在途、待配(第三方仓储物流)的实时库存数据(虽然不同系统的物料编码规则不一致,但只要输入核心制造企业的物料编码即可获取库存数据)。

Handle 标识解析技术是下一代互联网底层共性技术,Handle 标识体系具有兼容性、可扩展性、与国际接轨、自主可控等特点和优势,通过标识注册、解析、信息管理等功能,可以对物理上分散在各企业的分布式数据资源进行按需整合与共享,且实现成本低。Handle 系统由全球性国际组织 DONA 进行管理,并在全球设立 Handle 根系统。中国拥有自主可控的 Handle 根系统运营管理权,让 Handle 系统的应用既能与国际接轨,又能确保自主可控[2]。其优势主要表现为以下几点。

(1)唯一性。Handle 系统拥有一个全球解析系统和分段管理的运行维护机制。在全球服务系统下设若干级区域性服务系统。区域性服务系统在全球服务系统的管理下提供特定区域、特定类型的标识管理。整个体系保证了 Handle 码在全球范围内的唯一性。

（2）兼容性。目前各标准组织、各国家、各行业、各信息系统的编码与标识标准不一，Handle 系统可以通过恰当的标识和解析机制，在满足各种标识需求的基础上，兼容现有的标识方法和编码机制，实现真正意义上的泛在互联。

（3）永久性。Handle 系统所颁发的 Handle 标识可保证标识解析、利用的永久性。Handle 系统提供了维持 Handle 码和其对应的实际对象间的指向，当实际对象的内容、位置发生改变时，引用 Handle 码的使用者无须任何处理即可感知到对应的变化。

（4）可扩展性。任何本地的命名空间都可以通过向 Handle 系统申请一个 Handle 前缀来将本地命名空间纳入 Handle 系统中。系统之间在交互时，既针对 Handle 系统，也针对元数据标准。在引入一个新的信息、新的系统时，只要其符合对应的规范、标准，其他系统无须进行任何变更，甚至感知不到 Handle 系统内系统个数的增加。

（5）分布式管理。Handle 系统是一个全球范围的分布式系统，每一个节点各司其职。其用户可以通过 Handle 服务器在分布式的环境下使用 Handle 系统。

1.2.3 NDN

NDN(named data networking，又称命名数据网络)从协议构架设计上彻底地解决了 TCP/IP 设计上的不适应性，保留了"细腰"沙漏模型，主要不同点体现在基于数据本身的安全机制和多样的路由策略选择(strategy)上。

NDN 直接对数据包进行加密保护，加密是端到端的，对网络层是基本透明的，由应用程序或者库处理，不像 TCP/IP 对传输端点和传输管道的保护产生依赖，路由安全性得到显著提高，具体表现如下：

（1）所有数据包括路由消息都需要签名，防止被他人伪造或篡改。

（2）多路径路由减轻前缀劫持，因为路由器可以检测由前缀造成的异常劫持并尝试通过其他路径来检索数据。

（3）NDN 的消息只能与相关应答数据交互，并不一定发送到主机上，这就使得恶意的数据包很难转发到一个特定的目标上。

这种机制实现了数据安全与网络传输的分离，降低了实现和管理难度，灵活性强，更加直接和方便，也是真正符合数据请求的自然处理方式。

NDN 的结构是一个新的"细腰"结构，命名数据网络对 IP 体系结构做了革新，保留了"细腰"角色，改变了网络服务的语义，获取数据的路径为从传送包到特定目标地址,再到特定名字。

NDN 与 P2P 的对比如表 1-1 所示。

表 1-1　NDN 与 P2P 对比表

类别	P2P	NDN
网络协议	基于连接,端到端通信,自组织拓扑,动态调节和规划,分布式存储的抖动性高,结构复杂,管理要求高	以内容为中心,以兴趣(interest)驱动,采用 ull 方式,具有灵活的路由策略,可实现就近获取、容错与熔断,管理要求低
体系架构	结构化或者混合构架,仍然需要中央控制,应用层覆盖网络,依赖应用程序,普适性差,可用性一般,规模中等	完全的去中心化,无管理服务器(server-less),传输层网络对上层友好,普适性高,可靠性和可用性高,具有大规模处理能力
安全性	额外的系统层面的保护机制,被动的数据保护,识别难度大	数据命名与签名明确,数据自身进行加密处理,具有自我保护能力,且与传输方式无关
带宽使用	数据冗余度极高,大量数据复制,网络拥塞的罪魁祸首	就近获取,智能的数据复制和传输共享。负载按需动态自我调配,路由智能策略,支持多路由机制
版权控制	盗版泛滥,缺乏有效的版权控制,运营商抵制	数据命名与签名明确,采用公钥和私钥机制加密,与数据的存储和传输方式无关
绿色计算	带宽浪费,重复传输,大量能源浪费	资源重复利用率高,可大量节省重复投入的成本。对于多媒体内容分发(例如优酷 C/S 视频播放和视频会议服务)而言,效果尤为显著
商业模型	无有效的计费模式,资金成本低,商业模式不清晰	有有效的计费模式,粒度高,可精确量化,性价比高。采用新的路由设备、新的操作系统(OS)设计、新的应用服务模式,市场潜力大

1.3　大数据生态圈

大数据生态圈如图 1-21 所示,大数据生态圈包括以下部分。

(1) Infrastructure(基础设施)。

(2) Analytics(分析)。

第 1 章 大数据技术概述

图 1-21 大数据生态圈

资料来源：© Matt Turck (@mattturck), Demi Obayomi (@demi_obayomi), & FirstMark (@firstmarkcap) matturck.com/bigdata2018

(3) Application-Enterprise(应用企业)。

(4) Application-Industry(应用行业)。

(5) Cross-Infrastructure/Analytics(跨基础设施/分析)。

(6) Open Source(开源)。

(7) Data Source(数据源)。

大数据生态圈也是一个生态闭环系统。万物都是数据产生者,也是数据使用者,通过自动化、智能化的闭环系统,自动学习、智能调整,从而提升整体的生产效率。在大数据闭环系统中,需要有大量能互相关联的数据,它们在一个大数据计算平台,符合相同的数据标准,能正确地关联,通过大数据相关处理技术,形成自动化、智能化的大数据产品或者业务,进而形成大数据从采集到反馈的闭环,自动且智能地指导人类的活动、工业制造、社会发展等。

生态圈的核心是数据在线,它使得我们原先写在纸上,或者是保存在磁盘里的数据在线了,让数据搜集变得非常容易,于是成就了 TAB(T:腾讯;A:阿里巴巴;B:百度)。我们仔细观察,可以发现 TAB 的核心竞争力都是数据,百度占据着 web 数据,阿里占据着电商数据,腾讯占据着社交数据[3]。

工业大数据生态环境的属性包括职务、权利、利益,如图 1-22 所示。

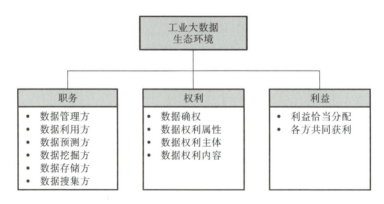

图 1-22 工业大数据生态环境的属性

1.4 基于大数据的价值创造

数字经济时代,随着信息技术高度发展及其向经济社会各领域的渗透扩散与深度融合,各行业迎来数据爆发式增长。新一代信息技术的发展使得数据采集、传输、存储、处理、利用能力不断提高,数据在价值创造中发挥越来越重要的作用,并成为数字经济时代具有基础性和战略性意义的生产要素[4]。

大数据作为一种基础的技术和工具,能够挖掘出其他资源的价值,因而被广泛应用于商业模式的创新之中。大数据的价值创造模式主要有:

(1) 信息透明化并以更高的使用频率来释放价值。
(2) 更准确和详细的性能信息,暴露系统缺陷并提高性能。
(3) 产品或服务的大规模个性化定制。
(4) 通过复杂的分析大大改善决策制定。
(5) 用于改进下一代产品和服务的开发。

大数据的能力层次主要分为六个层级,企业使用大数据的能力层次越高,其实现价值创造的手段越丰富。数据资源具有潜在价值,只有将数据与数据的采集、存储、处理、分析、应用等一系列劳动相结合,创造价值、实现价值并实现价值增值(倍增)才能充分发挥数据的作用[5]。如图1-23所示,大数据的能力层次由低到高分别为大数据获取,大数据分析,大数据可视化,基于大数据的设计、制造、服务,基于大数据的企业决策,基于大数据的商业智能实现。

图 1-23　大数据能力层次和价值创造的关系

如图1-24所示,基于大数据的价值创造可分为六类,分别为商业价值、决策价值、应用价值、表征价值、模型价值和数据价值。不同的价值类别分别对应前

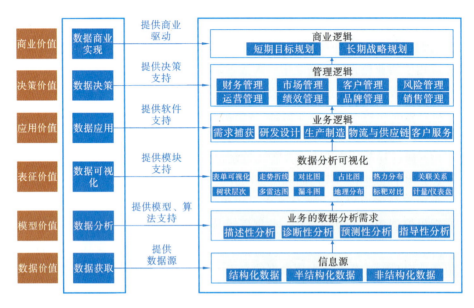

图 1-24 基于大数据的价值创造类别

述大数据的六个能力层级。

（1）数据价值：通过获取结构化数据、半结构化数据或非结构化数据等来提供数据信息源，完成数据获取工作。

（2）模型价值：通过描述性分析、诊断性分析、预测性分析、指导性分析等来满足业务的数据分析需求。

（3）表征价值：通过表单可视化、生成走势折线图或对比图等实现数据分析可视化。

（4）应用价值：通过需求捕获、研发设计、生产制造等实现业务逻辑，完成数据应用。

（5）决策价值：通过财务管理、市场管理、客户管理等实现管理逻辑，完成数据决策。

（6）商业价值：通过短期目标规划或长期战略规划实现商业逻辑，完成数据商业驱动。

第 2 章
工业大数据技术发展概述

2.1 工业大数据技术

2.1.1 工业大数据来源

工业大数据作为工业互联网的核心要素和生产资源,让人与机器的对话成为可能,是企业从"制造"到"智造"转型的加速器[6]。工业大数据来源于三种维度、三个方面。其中,三种维度分别为平台架构维度、供应链管理维度和产品生命周期维度,三个方面分别为信息系统、设备生产系统和外部信息。

如图 2-1 所示,工业大数据来源于平台架构维度、供应链管理维度和产品生命周期维度。

平台架构维度主要由制造层、运营技术(operational technology,OT)层、互联网技术(Internet Technology,IT)层和云平台组成。其中,工业 OT 的要素包括材料特性与功能、机器精度与自动化程度、工业效率提升方法、测量与监控技术、维护与售后服务体系、管理策略,以及数据与知识建模;工业 IT 技术包括企业资源计划(enterprise resource planning,ERP)、制造执行系统(manufacturing execution system,MES)、数据采集与监视控制(supervisory control and data acquisition,SCADA)、可编程逻辑控制器(programmable logic controller,PLC)、传感器与反应器、时延敏感网络、边缘计算、协同和设计、区块链等。

供应链管理维度主要由供应方、制造方、销售方和消费者组成;产品生命周期维度主要由研发设计、运营管理、生产加工和工业服务组成。

工业大数据边缘层通过接口、协议或系统集成的方式完成对不同来源数据的接入与实时采集,并利用数据接口连接相关信息管理系统,通过相关系统实现数据的批量管理。工业大数据主要来源于三个方面,分别为信息系统、设备生产系统和外部信息。

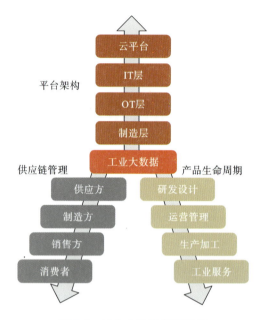

图 2-1 工业大数据来源维度

信息系统可分为企业层级系统和协同层级系统。企业层级系统主要包括企业资源计划(ERP)系统、产品生命周期管理(PLM)系统、商业智能(BI)系统、企业协同办公 OA 系统、物流运输管理系统和企业应急与指挥平台;协同层级系统主要包括供应链管理(SCM)系统、供应商关系管理(SRM)系统、客户关系管理(CRM)系统和供应网络协同(SNC)系统等。

设备生产系统可分为工艺层级系统、车间层级系统、控制层级系统和设备物联系统。工艺层级系统主要包括计算机辅助设计(CAD)、计算机辅助工程(CAE)设计和计算机辅助工艺过程(CAPP)设计;车间层级系统主要包括制造执行系统、车间物流管理系统和物流执行系统等;控制层级系统主要包括智能化生产控制系统、网络化控制与分析系统和可视化监控与控制系统等;设备物联系统主要包括各类传感器系统,涉及实时数据、实绩数据、能源数据、物料数据、信息-物理系统(CPS)交互数据、性能测试数据和综保质量数据等。

外部信息主要包括市场发展与风险数据、产品需求分析数据、行业政策数据和相关法规数据。

各类系统的系统类型、数据结构、数据特点等特性如表 2-1 所示。

工业领域中常见的传感器包括压力传感器、运动传感器、温度传感器、图像传感器、声学传感器和气体传感器,其应用场景和全球主要供应商如表 2-2 所示。

表 2-1　工业大数据系统的特性

分类	系统类型	典型系统	数据结构	数据特点	实时性
信息系统	企业层级系统	ERP、PLM、BI	结构化/半结构化	没有严格的时效性要求，需要定期同步	批量导入
信息系统	协同层级系统	SCM、SRM、CRM、SNC	结构化/半结构化	没有严格的时效性要求，需要定期同步	批量导入
设备生产系统	工艺层级系统	CAD、CAE、CAPP	半结构化/非结构化	数据类型各异、数据更新不频繁、数据为核心数据	批量导入
设备生产系统	车间层级系统、控制层级系统	MES、WMS、DCS	结构化	需要实时监控、实时反馈控制，包含实时数据与历史数据	实时采集/批量导入
设备生产系统	设备物联系统	各类传感器	结构化	单条数据量小，并发度大，结合IoT网关	实时采集
外部信息	外部数据	相关行业政策、法规、市场、环境等数据	非结构化	数据相对静止，变化较小，定期更新	批量导入

表 2-2　传感器种类、应用场景及全球主要供应商

传感器种类	应用场景	全球主要供应商
压力传感器	称重系统、增压器、安全监控系统等	ST Micro、NXP、Onsemi、Infineon
运动传感器	运动轨迹控制、计步器、加速度计、陀螺仪等	Invensens、ST Micro、Bosch、Honeywell
温度传感器	厂房温度监控、设备温度监控、运输温度控制等	Omron、Ajay、GE、Siemens
图像传感器	图像采集器、图像检测、3D检测等	Sony、AMS、舜宇光学
声学传感器	噪声分析引擎、声呐探测、语音识别等	Knowles、Akustica、ST Micro、歌尔声学
气体传感器	氧气含量检测、氢气含量检测、甲烷气体含量检测等	AMS、City、Figaro、Alphasense、炜盛科技

2.1.2 工业大数据方法论

工业大数据作为一种重要的信息资源,正在对各行业的发展和决策产生深远影响。在工业领域,如制造业、能源、交通运输等领域,大数据的应用已经成为提高效率、降低成本、优化生产等方面的关键手段。在本小节中,我们将探讨工业大数据方法论,包括数据采集和处理等方面的关键方法。

1. 数据采集方法

传感器数据采集:通过安装各种传感器设备,如温度传感器、压力传感器等,实时采集生产设备的运行状态数据,如温度、压力变化情况。常见的传感器有温度传感器、压力传感器、位移传感器等。这些传感器通过工业网关与数据采集系统连接,实现自动采集。

设备接口数据采集:许多生产设备内置数据接口,通过此接口可以访问设备内部数据,如 PLC 等控制系统内置 OPC 接口,通过此接口可以获取设备运行状态、产量等信息。MQTT 是一种常见的通信协议,也可以与设备连接以获取数据。

日志数据采集:生产系统在运行过程中会产生各种日志文件,如 Linux 系统日志采集工具 syslog 可以记录系统运行情况,生成异常日志、性能日志等,这些日志文件经采集后可以用于分析系统性能、定位问题等。

2. 数据处理方法

数据清洗:对采集到的原始数据进行检查,过滤掉错误数据、异常值等,确保数据质量。如采用 Python 数据分析库 Pandas 可实现数据清洗。

数据转换:采用数据转换工具如 ETL 工具 pentaho 将不同格式的数据转换为统一格式,如将文本转换为结构化表格等,为后续处理和分析奠定基础。

数据集成:采用数据集成工具如 dataiku 将来自不同系统的数据源进行整合,构建统一的数据视图,方便查询分析。

数据存储:选择合适的数据存储系统对处理后的数据进行存储,如关系数据库、数字化仓库等。

2.1.3 工业大数据分析模型

在上述数据采集与处理方法的基础上,本小节将着重阐述工业大数据分析模型。大数据分析的精髓在于把统计学知识、行业经验、数据库技术、机器学习方法结合起来,从数据中提取有意义且实用的信息。模型是大数据分析中的核心之一。大数据分析模型的研究可以分为三个层次,即描述分析、预测分析和规范分析[7]。数据分析建模系统可在多个工业领域应用于主轴分析、轴承分析、风机故障诊断,以及设备健康度与剩余寿命评估等优化场景。工业大数据分析模型主要包括基础应用、基础服务、数据处理、数据存储、数据预处理、数据集成和数据源层七大模块。不同模块的具体功能如图2-2所示。

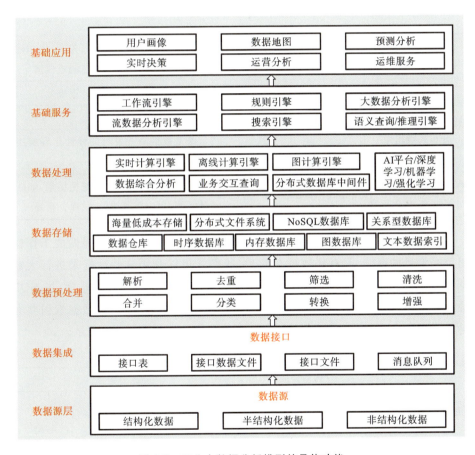

图 2-2　工业大数据分析模型的具体功能

当获得足够多的数据后,我们需要进行数据处理工作,从大量的、难以理解的数据中提取并推导出某些特定的有价值的数据。数据处理包含实时计算引擎、离线计算引擎、图计算引擎、数据综合分析、业务交互查询、分布式数据库中间件、AI平台/深度学习/机器学习/强化学习共七种处理类型,不同处理类型的典型介质和适用场景如表2-3所示。

表 2-3 工业大数据分析模型的数据处理类型

类型	典型介质	适用场景
实时计算引擎	Storm、Spark Streaming、Flink	设备监控、实时诊断等对时效性要求较高的场景
离线计算引擎	MapReduce、Spark、Hive	适用于大数据量的、周期性的数据分析,例如阶段性的营销分析或生产能耗分析等
图计算引擎	Graphlab、GraphX	适用于事件及人之间的关联,比如建立用户画像进行个性化定制或营销
数据综合分析	MPP	产线或销售环节的综合报表分析
业务交互查询	MySQL、SQLServer、Oracle	交互式查询分析
分布式数据库中间件	Cobar、TTDL、MyCAT	海量数据高并发时的弹性扩容解决方案
AI平台/深度学习/机器学习/强化学习	Mlib、Mahout	需要迭代优化的数据挖掘场景,如故障预测、用户需求挖掘、故障分析等

在随时都会产生大量数据的数据信息大爆炸时代,人类最需要做的工作就是数据信息的存储,只有将数据存储后,我们才可以利用这些数据来进行大数据分析。数据存储包含海量低成本存储、分布式文件系统、数据仓库、NoSQL数据库、关系型数据库、时序数据库、内存数据库、图数据库、文本数据索引共九种存储类型,不同数据存储类型的典型介质和适用场景如表 2-4 所示。

表 2-4 工业大数据分析模型的数据存储类型

类型	典型介质	适用场景
海量低成本存储	Storm、Spark Streaming、Flink	海量历史数据的归档和备份
分布式文件系统	MapReduce、Spark、Hive	海量数据的离线分析
数据仓库	Graphlab、GraphX	报表综合分析、多维随机分析
NoSQL 数据库	MPP	各类报表文档,适用于简单对点查询及交互式查询场景
关系型数据库	MySQL、SQLServer、Oracle	适用于交互式查询分析
时序数据库	Cobar、TTDL、MyCAT	依据时间顺序分析历史趋势、周期规律、异常性等场景

续表

类型	典型介质	适用场景
内存数据库	Mlib、Mahout	数据量不大且要求快速实时查询的场景
图数据库	Neo4j	分析关联关系及具有明显点/边分析的场景
文本数据索引	Solr、Elasticsearch	文本/全文检索

此外,建立工业大数据分析模型的关键技术包括工业大数据管理技术和工业大数据分析技术。其中:工业大数据管理技术包括多样性数据的采集技术、多模态数据的管理技术、高通量数据的写入技术、强关联数据的集成技术;工业大数据分析技术包括强机理业务的分析技术、低质量数据的处理技术、数据高效率处理技术等。

典型的工业大数据分析模型、分析算法和分析方法及其对应的关键技术如图 2-3 所示。

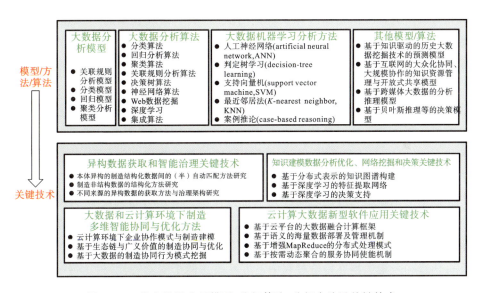

图 2-3 工业大数据分析模型、分析算法、分析方法及关键技术

2.1.4 工业大数据的数据汇聚

形成高价值、高密度、高聚合的结构化数据是工业大数据的数据汇聚的主要目标,为实现这一目标需建立以数据全量汇聚为基础,以融合计算为核心的大数据汇聚中心。其中包含汇聚以文件为载体的数据,实现分布式协作并发采

集的网络采集技术,汇聚高时效性数据的流式采集技术以及分光采集技术等大数据接入技术;基于时序性考虑选择 Spark 作为文件类型的数据处理框架,处理速度较快的 Spark 技术,用于流式类型数据处理框架的 Storm 技术等大数据处理技术;定期提取系统指标,包括启停次数、进程日志数等的采集指标技术;确定系统故障度分类等的聚类运算和分析技术,系统预警技术,评估总结预警技术等。

智慧城市数据汇聚平台是"十四五"规划纲要中提出的建设智慧城市,以数字化技术助推城市治理体系和治理能力现代化发展,提升数字治理效能的实现基础。经智慧城市数据资源摸底调研后,建立基础信息资源分类、数据主题领域分类和部门信息资源分类三大项数据资源目录,在全域三维可视化数据的基础上,汇聚人口数据,呈现人口热力分布图;在城市数据资源基础上,数据中台通过汇聚和沉淀数据发掘数据价值[8]。

物联网在信息时代迎来了发展的热潮,而作为核心的数据自然就成了重点研究对象。随着压缩感知和低秩理论的提出,基于稀疏表示的 WSNs(无线传感器网络)数据汇聚方法受到科研人员的广泛关注。通过利用 WSNs 数据的高度时空冗余性来有效降低数据传输量,基于稀疏表示的 WSNs 数据汇聚方法取得了巨大的成果[9]。

采用微服务架构进行设计的数据汇聚系统,利用 Docker 容器技术打包镜像部署。随着接入数据量的增加,系统可纵向扩展部署微服务以提高数据处理的能力;随着接入数据种类的增加,系统可横向开发新的微服务。通过 API(应用程序编程接口)网关为数据汇聚微服务系统提供统一访问入口,在数据发送方和数据汇聚微服务应用之间起到了桥接作用。利用分布式发布-订阅消息系统 kafka 集群作为消息队列,提高了汇聚数据的处理分析效率。通过发送方对采集数据的签名加密传输及接收方的身份及数据验证机制保证了发送方身份不可伪造和采集数据在传输过程中不可篡改这两个安全特性,相比传统单体架构,解决了数据、服务呈爆炸式增长带来的冲击问题[10]。

数据汇聚是数据获取系统中很重要的一个环节,主要负责对数据进行及时高效的组织和汇聚,并且将汇总后的数据传输到后端存储系统。数据获取系统可以通过提升数据汇聚能力来提高数据传输和处理能力的上限。不同的数据获取系统内部结构虽然存在差异,但是核心功能和工作流程都是相似的,所以理论上可以用一个通用的方案解决多个系统的数据汇聚问题。硬件设计方面采用了 FMC(固定与移动融合)标准,因此能够以替换 FMC 子卡的方式,低成本地改变扩展和前端电子学连接的数据接口,使硬件适用于多种数据获取系统。逻辑设计时制定了统一规范,使用标准的接口和数据格式,并且划分了不同的功能模块,能够方便地添加自定义逻辑模块,或者是根据需求对单独的模块进行修改和替换,可以满足方案在实际应用时的各种需求变化[11]。

此外,针对周期汇报型无线传感器网络,研究者提出了一种基于同周期链路融合与链路竞争的数据汇聚机制(data sinking mechanism based on merging links with the same cycle and link competition,MLSCLC)。根据网络特点,融合同周期节点链路、设计链路的并行时隙集合矩阵,并以此为依据进行数据汇聚。通过仿真证明了基于同周期链路融合与链路竞争的数据汇聚机制可以在满足工业网络可靠性和实时性的前提下,合理安排时隙,缩短网络的平均响应时间,并提高数据保真度及吞吐率[12]。

在大数据汇聚中心的统一架构(见图 2-4)中,中枢管理群管理集群中所有类型的节点,即对节点、应用、负载、运维进行管理,完成系统通信和任务调度。枢纽服务群受中枢管理群管理并与数据、应用直接交互,其中数据处理服务提供数据的计算服务,数据接入服务依托关键技术搜集海量数据,数据交付服务负责对外提供数据服务。

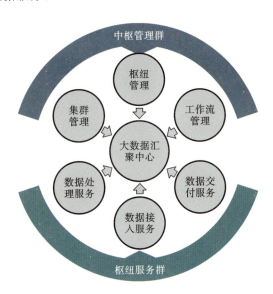

图 2-4　大数据汇聚中心的统一架构

在诸多大数据汇聚中心的架构中,新一代的大数据架构(IOTA)整体思路是设定标准数据模型。如图 2-5 所示,通过边缘计算技术使所有的计算过程分散在数据产生、计算和查询过程当中,以统一的数据模型贯穿始终,从而提高整体的预算效率,同时满足即时计算的需要,可以使用各种 AD-hoc Query(点对点查询)来查询底层数据。

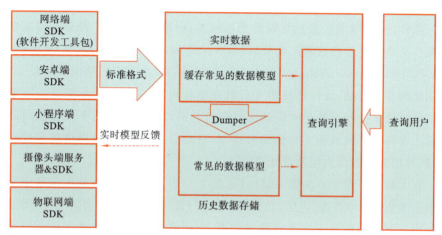

注:Dumper的主要功能包括数据迁移、数据同步和存储优化。

图 2-5 IOTA 整体思路

去 ETL 化、支持即时查询、基于边缘计算的 IOTA 实例如图 2-6 所示。

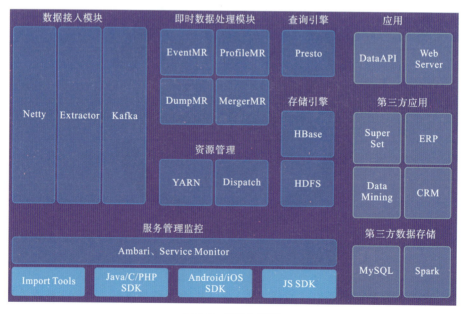

图 2-6 IOTA 实例

如今，工业大数据仍存在薄弱环节，诸如不同软硬件平台、不同数据格式、不同数据定义标准等异构问题，不同管理机构、不同安全责任主体、不同利益主体等异主问题。从空间角度来看，这些问题多数情况下是指分布在不同地理区域的异地问题。只有异构问题通过赋码、注册、解析，在底层通信协议之传输控制协议（TCP）的支持下，在一定程度上得到了解决，其余问题仍需要通过建立基于规则的工业大数据开放生态环境来解决。

2.1.5 基于工业大数据的工业互联网平台

2.1.5.1 海尔COSMOPlat

近年来大数据相关产业飞速发展，大量系统涌入市场，如海尔COSMOPlat的基于用户数据的NICE-情景感知引擎系统，能够通过全量产品中心和大数据分析，以及用户、产品多维度数据标签库，采用深度学习算法形成精准匹配的推荐方案，如图2-7所示。

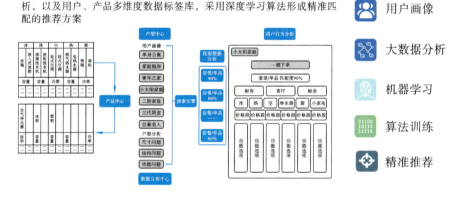

图2-7 NICE-情景感知引擎

NICE-情景感知引擎能够实现的核心功能如下：通过深度学习，调整焊接参数，降低智能制造的生产成本；通过大数据分析，智能识别异声，控制异声不良品零出厂，提升噪（异）声质量检测的用户体验；通过机器学习算法、统筹优化、智能发货，解决"车等货"问题，提升物流协同发货优化模型的发货效率；通过机器视觉学习、冰箱视觉自动化检验，提高检出能力，提升产品质量视觉检测的用户口碑；基于大数据、人工智能技术生产节能降耗的智能产品，如图2-8所示。

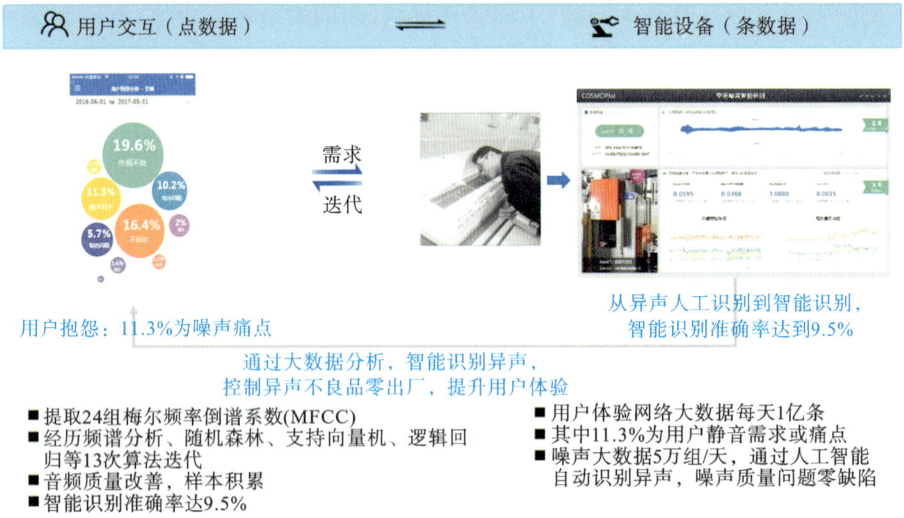

图 2-8 噪(异)声质量检测

海尔 U+智慧家庭平台为用户提供基于自然语言交互的智慧家庭解决方案(见图 2-9),引领智慧家庭进入全场景服务定制时代。通过大数据分析、智能客服、用户洞察和推广、O+O(线上+线下)融合,房车企业直联用户,打造基于场景定制的智能物联房车方案,进行车辆运行指标监控,预测性维护,饮水、空气、睡眠、食材存储监控,收集用户体验,生成用户画像,进行多维分析,并提供各种增值服务,持续优化产品的 COSMOPlat 房车智能物联系统。

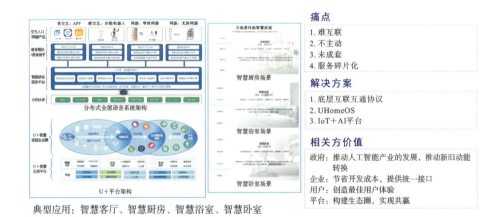

图 2-9 基于自然语言交互的智慧家庭解决方案

2.1.5.2 用友精智工业互联网平台

构建面向工业的精准、实时、高效的数据采集、存储、集成、访问、分析和管理平台,旨在将产业技术、经验与知识进行模型化、标准化、软件化和复用化处理。该平台以大 B(核心企业,即大型或行业领先企业)为中心,通过大 B 带小 b(中小企业)的模式促进不同规模、不同行业的企业间相互连接与协作。由此形成的工业企业互联网生态,即用友精智工业互联网平台(见图 2-10)。以此平台作为连接纽带,推动了工业企业间的深度融合与发展,实现了如图 2-11 所示的核心功能:基于信息-物理系统(CPS)的分布式智能监测与健康管理系统、基于 PHM(预测与健康管理)技术的列车关键设备及运营核心设备的智能管理系统、从本地到远程中心的一体化协同智能运维、轨道交通装备预测性运维及资源运营决策优化的轨道交通关键设备智能管理;刀具剩余寿命预测及寿命终止报警,机床主轴故障预诊,预测及健康评估,点检优先级排序和运维排程,生产排程优化,车间级、厂区级、企业级设备集群管理的机加工设备寿命预测与健康管理;面向风电装备运维的健康评估、故障诊断及趋势预测、风功率预测,智能控制和决策优化的智能运维,从风电装备健康管理到企业级资源运营的整体平台,从风机级、风场级和企业级三个维度提供智能服务的风电智能运维管理;面向制造企业、机场地铁、医院商场及学校等场所,实现风机、泵类、空压机、冰机等设备能耗和健康管理的智能化,降低设备故障率和安全事故发生率,优化设备维护策略及排程,进行降低运维成本的智慧厂务能效管理。高炉炼铁煤气管网智能平衡产线是一套智能管理系统,该系统能够实时监控和调节管网压力,有效避免因压力问题导致的轧钢停产。同时,该系统还致力于提升各工序的操作标准化水平,以及提高调度部门能源管理的精细化程度。该系统主要服务于三类用户群体:动力能源部门人员、能源调度员和生产工序操作员。

2.1.5.3 格力电器工业互联网平台

目前格力空调大数据平台覆盖了顶出风多联机、侧出风多联机、热水机、螺杆机、离心机、模块机等多种机型。该互联网平台基于体量大、分布广的工程数据进行统计分析,能反映全工况以及全国各地格力空调使用的真实情况,如图 2-12 所示。通过天气温度预测、启动负荷计算、油温品质预测,来实现压缩机电加热带与天气联动加热控制:当室外环境温度升高时,电加热带通电,以防止系统中的冷媒迁移到压缩机中;当室外环境温度降低时,电加热带断电,从而降低压缩机电加热带的待机功耗,如图 2-13 所示。

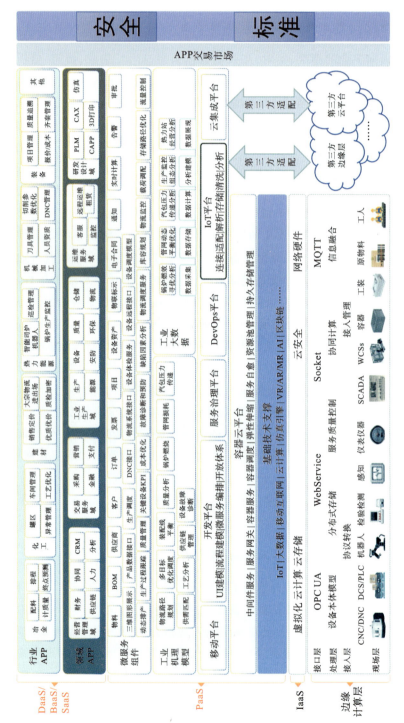

图2-10 用友精智工业互联网平台

第 2 章 工业大数据技术发展概述

图 2-11 用友精智工业互联网平台核心功能

IoT 平台：适配工业领域常见通信协议，多种品牌的数控系统及 PLC 控制器；实时采集各类设备数据，并完成数据清洗、标准化转换和存储。借助 IoT 平台，企业能够实现与不同类型设备的快速连接，实时采集生产数据，实现生产过程透明化，动态掌控生产进度，快速下达生产指令各到机台。

生产管理交易：平台通过企业与企业、企业与社会化服务机构、企业与客户、企业与消费者、企业与供应商等的对接，实现全球化分工，社会化协同，透明化的管理与交易。基于 PaaS 平台，自行开发各种适合产业或企业需要的应用程序，包括设计类、仿真类、生产管理类、服务类、企业金融服务类、冶金、电子、装备等行业 APP。

资源共享：将数据科学、工业科学、管理科学、信息科学、计算机科学在云端融合，推动资源、主体、知识集聚共享，形成社会化的协同生产方式和组织模式。

开发与运维：提供完整的工业 APP 设计、建模、开发和运行、运维平台。平台提供了 DevOps 能力，满足工业 APP 的面向分布式微服务架构的需求，通过可视化交互式设计、智能的流程设计、结合积累的工业平台微服务，可快速开发工业 APP。

工业大数据：建立面向工业的精准、实时、高效的数据管理平台，实现产品、集成、访问、分析、知识模型化、标准化、软件化、复用化。

APP 市场：汇聚用友及第三方生态工业 APP 服务，提供面向企业的一站式社会化商业云服务，满足企业在社会化商业背景下的管理变革、业务创新以及 IT 简便化需求。

金融服务：为企业及产业链上下游客户提供方便、快捷与低成本的金融服务。主要包括供应链支付、供应链金融、企业理财、现金管理等业务。

企业互联：以平台为纽带，以大 B（核心企业）为中心，通过大 B 带小 B 的模式促进不同规模、不同行业的企业相互连接，形成工业企业互联网。

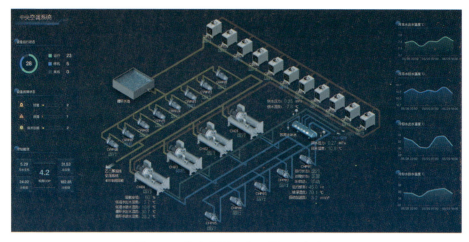

图 2-12　格力电器工业互联网平台应用

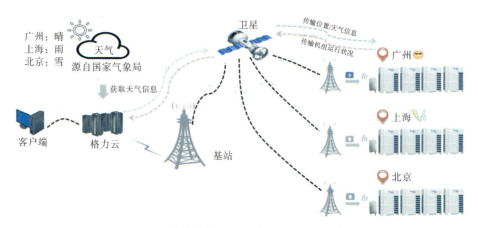

图 2-13　格力电器工业互联网预测控制示范图

2.1.5.4　上海电气工业互联网平台

工业互联网平台的数字化服务需求是通过人与系统、人与设备、设备与系统之间的互联互通,打通设备、网络、数据和应用层,为不同对象和业务快速提供平台支撑;面向企业内部生产效率的提升,加快产品升级和智能制造应用;面向企业外部的价值链延伸,提供智能化产品和服务;面向行业提供开放生态的平台运营,创造新的商业模式,拓展行业影响力,如图 2-14 所示。赋能不同产业业务发展的上海电气工业互联网平台,适用于全场风机监控信息总览、单机实时数据监控,故障、告警查看,故障详情及解决方案的智能监控;展示最新的实时故障预警,包括大数据和在线故障监测预警(CMS)、健康管理指标、区域统计、模型统计等统计结果分析,模型总数、预警风机、预警数量等统计信息分析的故障预警,如图 2-15 所示;可深入分析故障和维护之间的关系,制定相应策略,对主要部件进行预防性运维,运用预测算法形成个性化的智能运维;可实现工单管理,采用商务智能和可视化分析技术为处在不同应用场景下的用户提供自由、敏捷的大数据分析解决方案,进行智能多维分析展示,通过数据应用助力业务将被动式服务向预见式服务转变,通过平台助力产业升级,创新商业模式,实现可持续发展。

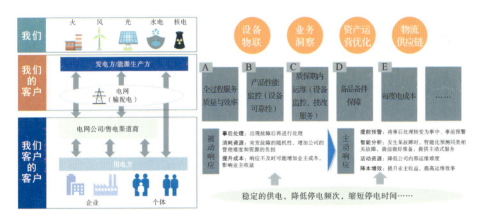

图 2-14 上海电气工业互联网平台的数字化服务需求

2.1.6 工业大数据人才培养

当前,大数据技术发展日新月异,大数据应用已经遍及工业和社会生活的方方面面,原有的数据管理理论体系与大数据产业应用之间的差距日益加大,业界对于大数据人才的需求急剧增加。大数据专业人才的培养是新一轮科技较量的基础,高等院校承担着大数据人才培养的重任。因此,大数据相关课程将逐渐成为国内高校计算机相关专业的重要课程。但纵观大数据人才培养课程,其体系多是已有课程的"冷拼盘",原材料没有新鲜感。现阶段,无论多么新、多么好的人才培养计划,都只能在二十世纪六七十年代编写的计算机知识体系上施教,无法把当下大数据技术具有的新思维、新知识传导出来。

现今,工业大数据人才培养的主要方式为校企结合人才培养与校企合作开

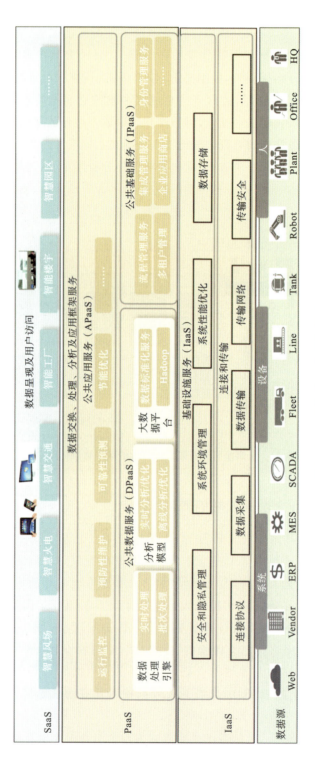

图2-15 上海电气工业互联网平台

发平台。如阿里云联合慧科集团于 2015 年正式启动阿里云大学合作计划 AUCP，该计划已陆续落地，在全国 40 余所高校开设了云计算与数据科学专业方向，共建互联网＋教育的新生态，分别为院校、教师和学生提供了不同的资源。

1. 院校

提供免费的阿里云计算、大数据学习及云资源。

2. 教师

提供云计算、大数据教师培训资格和与业界专家面对面的交流机会。

3. 学生

定期更新云计算、大数据、云安全课程培训，可免费使用云上实验室平台，提供与产业领军人物零距离接触的机会。

此外，由阿里云、慧科集团和高校三方联手共建的阿里大数据学院(见图 2-16)亦是人才培养方式之一。

(1) 依托阿里云的行业人才标准和权威认证体系，成立阿里云大数据培训认证中心，引入阿里云 ACP(Ali cloud professional)和 ACF(Ali cloud foundation)等认证体系。

(2) 建设智慧教学信息化云平台，如教学直播平台、在线 MOOC 教学系统、在线云计算/大数据实训平台等。

(3) 利用数据化、数字化和信息化手段实现教学过程的全程优化，保障大数据学院教学质量，从不同层面培养更多大数据产业急需的专业技术人才。

2018 年 7 月，复旦大学联合中证资本市场运行统计监测中心有限责任公

图 2-16 阿里大数据学院构成

司、上海数荃数据科技有限公司(简称数荃科技)、上海理想信息产业(集团)有限公司(简称理想信息)等10家单位,以综合运用大数据科技手段,研究金融数据应用沙箱和监管沙箱建设的数据管理标准、建设运行规范、安全防控指标、核心技术手段为目标,开展金融大数据实验室建设。组织分工具体表现为:复旦大学、上海交通大学负责算法开发和模型构建;数荃科技、理想信息公司负责数据沙箱、区块链的系统建设;国泰君安、银联智惠负责金融数据整合和应用创新产业化。

另一方面,校企之间的合作开发平台种类日趋丰富。2017年2月,清华大学牵头,北京理工大学参与,联合国防科学技术大学、中山大学、百度、腾讯等相关单位共同建设大数据系统软件国家工程实验室,在多个大数据平台关键技术上取得突破,并进一步研制平台系统。大数据系统软件国家工程实验室面向大规模非结构化数据存储难、查询慢、理解浅等问题,设计并实现了一体化的"非结构化数据管理平台(LaUMDS)",如图2-17所示,此平台具有以下技术特点:

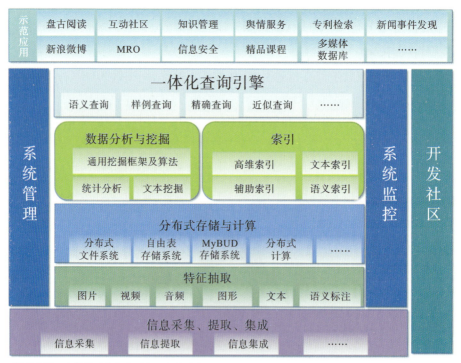

资料来源:大数据系统软件国家工程实验室

图2-17 非结构化数据管理平台

（1）统一数据模型；

（2）声明式查询语言 LaSQL；

（3）通用挖掘与分析算法。

实验室工业大数据应用研究包含了：

（1）基于自由表的工业状态监测大数据存储框架；

（2）基于自由表的监测数据组织方法；

（3）基于大数据的行为分析。

实验室在医疗大数据应用方面，通过运用知识管理与大数据分析挖掘技术，发掘出隐含的有价值信息，为患者的健康管理、医生的临床决策、卫生管理者的医疗质量评估提供有指导意义的数据支持。

2.2 基于工业大数据的数字化生产线故障定位技术

2.2.1 数字化生产线发展概述

1. 国外发展现状

随着世界主要经济体都在推动智能制造业的发展，许多外国制造商已经开始实践建设智能制造工厂[13]。例如三菱电机公司新投产了新型机器人装配线，将操作员和机器人有机结合，实现了从自动化到智能化的过渡，大大提高了单位面积产量。哈雷·戴维森公司广泛使用由加工中心和机器人组成的智能制造单元，已实现大规模定制；法那科公司通过对机器人和伺服电机生产过程的高度自动化和智能化改造，以及建立自动化立体仓库作为原材料供应源，实现了最高长达 720 小时的无人值守工厂。

2. 国内发展现状

从最开始的《智能制造装备产业"十二五"发展规划》到 2015 年《中国制造 2025》的正式发布，国家发展智能制造产业的政策逐步完善。各行业龙头企业在政策的支持下，通过数字化工厂的智能化改进，逐渐建立了一些可作为典范的智能制造应用模式[14]。

例如：成都某数字化工厂通过采用西门子产品全生命周期软件，从虚拟化产品设计到规划，再到制造，实现了信息无缝互联和工厂全面透明化；使用 MES（制造执行系统）和 TIA（全集成自动化）系统整合产品和生产的全生命周期，大大缩短了产品上市时间；自动化监控系统确保产品品质合格，质量合格率可达99.9985%；物流实现全数字化，大大缩短补货时间，提高生产效率。其实现的机器互联、人机互联、高度智能化的生产加工控制系统，是数字化孪生(digital twin)的成功实施范例[15]。

2.2.2 故障定位技术概述

故障定位方法主要分为两类：基于模型的方法和基于数据驱动的方法[16]。基于模型的方法通常以深层次工业过程背景知识为基础来构建故障诊断模型。例如，故障树分析(fault tree analysis，FTA)作为基于模型的典型方法已广泛应用于系统安全工程中的故障诊断。FTA基于故障因素的因果关系建立故障与故障因素之间的关联模型，它通常应用于具有明确故障机制和逻辑关系的系统[17,18]。另一个典型例子是符号有向图(symbolic directed graph，SDG)，它是由一组节点和弧共同组成的网络图。SDG可以通过连接两个节点、表示过程参数的弧来反映参数之间的关系[19]。FTA和SDG模型常在有明确因果关系和机理的系统中用于故障诊断。然而，构建这两种模型通常需要准确的过程背景描述和专业知识，这在日益复杂的大规模数字化生产线上是难以获得的[20]。不同的是，基于数据驱动的方法通常基于大量过程数据构建故障诊断模型，对过程背景知识的依赖较少，很适合现代数字化生产线场景。

常用的数据驱动方法有很多，如回归算法、决策树、遗传算法、人工神经网络、基于核函数的算法、集成算法等。常见的回归算法有最小二乘法(ordinary least square)、逻辑回归(logistic regression)等，泛用性广且容易使用和解释，但是对自变量多元共线性较为敏感，预测曲线变化不均匀，难以确定阈值。常见的决策树有分类及回归树(classification and regression tree，CART)、ID3(iterative dichotomiser 3)、C4.5(chi-squared automatic Interaction detection，CHAID)、随机森林(random forest)等，其对线性可分的样本有优异的分类准确率，能对不完整数据进行处理，但在连续性字段处理、特征关联性强、类别太多等情况下表现不佳。常见的遗传算法有模拟退火、粒子群优化等，其具有良好的全局搜索能力，相对缺少局部搜索能力，进化后期搜索效率较低。常见的人工神经网络(ANN)有感知器神经网络(perceptron neural network)、反向传递(back propagation)等，其具有自学习能力并且可以解决复杂情况。尽管ANN对背景知识的依赖程度较低，但神经网络的黑盒特性使得其对输出结果的解释性较差。常见的基于核函数的算法有支持向量机(support vector machine，SVM)、径向基函数(radial basis function，RBF)、线性判别分析(linear discriminate analysis,LDA)等,其利用少数支持向量代表了不同类样本之间的边界条件,大大缩小了对样本数量的需求,简化了通常的分类问题,但其在大规模样本的多分类问题上仍存在困难。常见的集成算法有梯度推进机(gradient boosting machine,GBM)、Xgboost 等,可整合多个弱分类器进行训练,是非常强大和流行的方法。

每种方法在处理问题时都有各自的优势和劣势,因此世界各地的学者基于方法本身进行创新,在适应性、准确率或预算时间等方面取得不少进展。

1. 在数据预处理方面

为了应对复杂数字化生产线数据的大体量、多维度、多尺度、异构、不同步、不完整等问题,整合分布在不同数据源的数据,侯仁政等[21]针对电力系统故障数据分散在各个安全分区的问题,通过电力系统故障诊断平台采集并聚合了电子生产管理系统、调度管理系统以及能量管理系统的数据。对警报数据进行过滤清洗,并将其聚合为特定的结构型数据样本,整合压缩冗余信息,以便故障诊断能以更具区分性的数据样本为基础进行分析。赵广社等[22]针对现有统计方法中多变量难以建立退化模型的问题,对航空发动机多源的监控数据进行预处理,使之成为一维发动机健康指标数据。美国 Aptima 公司致力于研究如何发现多源数据中的错误和冲突,通过建立语义图来描述多源数据间的冲突和异常,整合数据样本形成合理完善的样本[23]。Tmazirte 等[24]在研究自主导航系统的故障检测时,基于系统分析与重构的数据预处理架构去除多元数据中的错误,从而提高预测的准确率。

2. 在过程数据分析方面

如何在有限样本的众多生产工具中找出存在故障、影响产量的关键变量是一个受到广泛关注的问题。为了解决这个高维变量选择问题,Chen 等[25]提出了高效样本回归树(SERT)用于半导体产量损失分析,它结合了回归分析和回归树中的前向选择方法。与传统 CART 决策树相比,SERT 能够在高维变量中更好地处理组合效应。Hsu 等[26]提出了一个数据挖掘框架,用于找到 TFT-LCD 制造缺陷的根本原因。他们应用粗糙集理论(RST)生成候选规则,然后利用这些规则在几轮交叉验证后找出根本原因。通过 RST 消除决策表中的冗余或剩余属性,然后用决策树基于节点分裂过程时的最大信息熵来解释数据。Ing 等[27]提出将正交贪心算法(OGA)与高维信息准则(HDIC)和后向调整(Trim)一起应用以解决高维变量选择问题。OGA 是一种快速逐步回归方法,它选择输入变量进入 p 维线性回归模型,与通常的模型选择标准相比,HDIC-

Trim 在高维情况下工作良好,并且当变量的数量远大于样本大小时,解决了虚假变量的选择问题。与逐步回归不同,最小绝对收缩和选择算子(LASSO)回归[28,29]也被提出用于解决该问题。LASSO 是一种收缩方法,其目标是使残差的平方和最小化,其中系数的绝对值之和小于一个特定常数。由于这种约束性质,它倾向于产生一些正好为零的系数,因此给出了可解释的模型。Hu 等[30]提出改进二进制粒子群算法用于图像的特征提取,基于 SVM 的训练结果对特征构成的粒子群进行优化,并加入了变异环节来增强算法的全局搜索能力,取得了比粒子群优化算法更好的效果。

3. 在警报数据分析方面

设备与其警报之间的强因果依赖性可导致所谓的警报洪水,即在短时间内发生大量警报,使得操作员无法处理。因此,通过寻找因果依赖性警报模式以在运行期间支持操作员的警报模式检测是有重要意义的。例如,通过将已知的警报模式汇总到单个通知,预测即将发生的警报模式或将警报链接到已知的根因案例上。针对历史警报数据的已有研究,通常采用数据驱动的方式查找警报模式。然而,大量不同的警报消息和源于不同根因的警报模式同时发生,可能导致纯数据驱动的模式检测方法检测到无效的警报模式。Kinghorst 等[31]建议使用额外的信息源(如工程文件),来丰富数据驱动的方法。但是,在实际生产中,其他信息源通常存在不可用或无法完全链接到历史警报数据上的问题。除了使用各种算法如分层聚类[32]或者贝叶斯网络[33]之外,现有的研究方法在警报的采集和预处理方面也有很大差异。Vogel 等[32]基于报警的顺序聚类警报序列,其扩展方法[34]整合了发生时间分量,产生了半马尔可夫链。由于随机发生的警报会干扰警报顺序的聚类,因此这类方法不够鲁棒。另一些方法将统计特征视为相互独立的变量,以开发不同警报之间的信息流路径[35]。由于警报的概率处理方式,这些方法对于随机发生的警报是鲁棒的。但是,这些方法缺少对大数据计算量的评估。基于不同的测量距离方式,Ahmed 等[36]提出了一种模式检测方法,它比较了警报洪水的相似性,虽然相似性度量对于随机扰动不敏感所以是稳健的,但是预处理需要将数据划分为具体的警报洪水并因此丢失了部分信息。另一些方法考虑序列比对算法来检测警报序列中的相似性[37],受限于较高的计算复杂度,这类方法要求将输入空间减少到高优先级警报。Weiβ 等[38]将单个故障警报转化为高斯分布,进而通过两者概率的相关性聚类形成图,通过对图进行层次聚类实现故障警报的聚合提取,对比一般故障警报聚类算法,更多地考虑了警报间时序上的相关性,更加符合实际。

4. 在故障诊断信息融合方面

多传感器系统被广泛用于数字化生产线上的过程控制、状态检测以及故障诊断[39]。然而,从多个数据源获得的信息往往是异构而不精确的[40],以这些数据做出的故障定位判断往往只能反映部分问题,所以需要进行信息融合以做出综合判断[41]。信息融合是结合多源信息的关键技术,为了综合不确定信息,一些侧重于数据融合的数学工具已被提出,如模糊集理论[42,43]、Dempster-Shafer(D-S)证据理论[44-46]、综合优化算法[47]等。作为信息融合的重要工具,D-S证据理论被广泛应用于故障诊断[48]、模式识别[49]、多标准决策[50]等领域。但是,如果多源证据高度冲突,则可能获得不正确的结果。为了解决这一问题,一种方法是在处理冲突数据融合时修改传统的融合规则。如Yager[51]通过重新分配相互矛盾的证据来修改组合规则。然而,这些方法可能会破坏D-S证据理论组合规则的良好性质,例如交换性和相关性。另外,如果传感器故障导致了错误的结果,依靠修改组合规则来修正是得不到合理的结果的。另一种典型的方法是在应用组合规则之前修改证据,Murphy[52]的方法是直接平均证据,不考虑证据之间的差异。Deng等[53]提出利用证据间的距离作为权重,这在一定程度上弥补了前述缺点。

2.3 总结与展望

通过本章内容可以总结,工业大数据来源丰富,分析模型多样,企业应用广泛。随着物联网和工业互联网的发展,工业大数据量将呈几何级数增长。

展望未来,工业大数据在智能制造领域将面临以下机遇和挑战:

(1) 如何高效存储和处理海量工业数据;
(2) 如何通过深度学习等技术深度挖掘数据价值;
(3) 如何实现智能制造过程的全面监测和优化;
(4) 如何构建开放共享的工业大数据生态环境;
(5) 如何培养兼具理论和实践能力的工业大数据人才。

工业大数据作为重要的数字化资源,其深度挖掘和应用将成为推动智能制造发展的重要动力。以彩色滤光片生产线为例,其生产过程高度数字化,产生大量过程数据和警报数据。这些数据中蕴含着丰富的信息资源,可以用于提升生产线运行效率和质量水平。

基于此,第3章将详细介绍基于大数据分析的彩色滤光片生产线故障定位框架。通过采集生产线多源数据,建立数据驱动的故障定位模型,实现故障根源快速准确定位。这不仅可以提升彩色滤光片企业的产品质量和生产效率,也为工业大数据在智能制造领域的深入应用提供一个案例。本书后续章节将基于此框架,介绍不同数据源的分析技术和信息融合方法,旨在为工业大数据在智能制造领域的深入应用提供参考。

第 3 章

基于大数据分析的彩色滤光片生产线故障定位框架

3.1 引言

在工业大数据的领域中,故障定位和数据分析技术的应用对于提高生产效率和质量至关重要。而在彩色滤光片生产线中,故障定位是一个关键的挑战。彩色滤光片是光电显示技术中的重要组成部分,其质量和性能对整个显示系统有着直接的影响。然而,生产线中的故障可能会导致产品缺陷、生产延误和成本增加。通过利用工业大数据的方法,我们可以收集和分析彩色滤光片生产线中的大量数据,包括设备状态、工艺参数、质量检测结果等。这些数据可以反映有关生产线的运行状态,帮助我们定位潜在的故障模式和异常情况。

故障多样的性质导致了故障定位的困难,其主要性质表现如下。

(1) 层次性:从系统论的观点看,可以认为系统是由"元素"按照一定的规律组合而成的。显然,系统的"元素"还可以是更小的子系统,反复嵌套直到底层的最小不可分元件。故障因发生在系统的不同层次而表现出层次性。

(2) 时间性:系统故障的发生通常与时间有关,并由其运行的动态所决定。常见的时间性故障有间歇性故障、渐进性故障等。

(3) 相关性:复杂系统是由许多互相关联的子系统组成的整体。某些子系统的故障通常是由相关子系统或下一级子系统的故障引起的,因此显示出相关性。

(4) 模糊性:包括系统运行状态的模糊性、数据收集的模糊性,以及状态检测和技术诊断中存在的模糊概念和技术。

(5) 随机性:故障的发生常常也与随机波动过程的产生有关。

(6) 未确定性:它既不是由故障描述的模糊性引起的,也不是由随机性引起的,而是由人类的主观约束引起的。系统故障产生后,虽然无法准确找到其发生的位置和原因,但故障确实存在,由于观测条件不足,我们无法完全理解和感知。

（7）相对性：系统故障与某些条件和环境有关。在不同的条件和环境下，故障性质和描述与划分存在不一致。

故障定位就是在只有有限的系统状态信息的情况下，判断系统某种功能是否失调，判断劣化状态发生的部位，以及预测状态劣化的发展趋势等。其基本思想可以表达为：将被检测对象全部可能的状态组成状态空间 S，它的可观测特征的全体取值范围构成特征空间 Y，关系如图 3-1 所示。故当系统处于某一状态 s 时，采集测量的数据为 y，即存在映射 g：

$$g : S \rightarrow Y \quad (3-1)$$

反之，一定的特征也对应确定的状态，即存在映射 f：

$$f : Y \rightarrow S \quad (3-2)$$

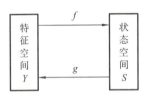

图 3-1 特征空间与状态空间的关系

故障定位技术就是用尽可能少的特征构建模型以尽可能地拟合映射 f。

3.2 故障定位基础框架与主要流程

故障定位基础框架包括数据源采集、预处理、识别、决策四个核心组成元素，如图 3-2 所示。

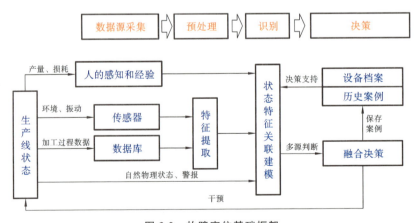

图 3-2 故障定位基础框架

1. 数据源采集

数据源采集负责从生产线上收集确立映射模型所必需的各类数据，是整个故障定位的基础。它主要包含传感器感知到的数据,如温度、湿度等环境信息以及振动、噪声等状态信息;数据库上收集的产品在加工过程中产生的加工数据,如加工工艺参数、加工工序时间、加工测量误差等信息;技术人员的感知信息与经验信息,如某批次的产量和损耗是否有异常等信息。

2. 预处理

预处理是训练映射模型的必要条件。因为实际生产过程中常常因为各种问题导致数据有所缺失或者完全丢失。例如,传感器节点可能会因为通信链路拥堵而频繁断开链接,感知数据会在传输过程中丢失;又或者因为传感器处于不稳定状态导致采集到的感知数据为不可用的异常值;又或者因为机器原因在一段时间内采集不到某特征值。如果把含有缺失值的数据直接导入模型计算,很有可能会导致错误,所以预处理的阶段是必需的。预处理旨在提取综合特征与结果的关联程度,然后筛选出最适合用于训练的特征,同时用线性填补或者决策树训练填补等技术对缺失值进行补全,以保证数据的完整性和有效性。

3. 识别

识别是故障定位的关键。不同的生产线故障与特征之间有着不同的映射,针对这些映射使用何种算法很大程度上决定了调参后模型的最高准确率和泛化性能。状态特征关联建模使用集成技术融合多个基分类器进行建模,是比较常见的建模方法。其训练结果可以与设备档案和历史案例进行比对,识别出现的问题是新问题还是旧问题,帮助技术人员进行处理。

4. 决策

决策是故障定位的核心。从多个数据源上获得的信息往往是异构而不精确的,用这些数据在识别中做出的多条故障定位判断往往只能反映部分问题,所以需要进行信息融合以做出综合判断,帮助技术人员确定候选故障位点,加速故障修复流程。

归纳而言,故障定位有四个主要步骤:第一步是检测设备状态的特征信号,采集多源数据;第二步是对采集到的数据进行缺失值填充、特征筛选等预处理,形成完整可靠的训练数据集;第三步是通过整理好的数据,采用最适合的建模技术进行状态和特征的映射建模,选出最影响故障的特征;第四步是对建模得出的多源故障定位判断进行信息融合,综合矛盾,做出最终的故障定位决策。

3.3 彩色滤光片生产线

如图 3-3 和图 3-4 所示,彩色滤光片作为薄膜晶体管液晶显示器中的一层,

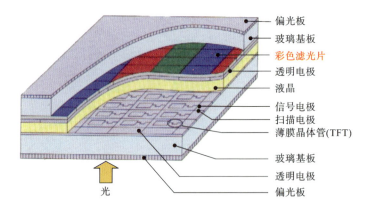

图 3-3 薄膜晶体管液晶显示器(TFT-LCD)的组成

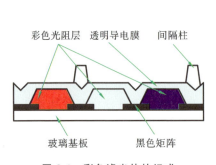

图 3-4 彩色滤光片的组成

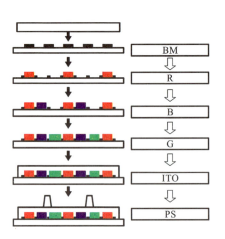

图 3-5 彩色滤光片的制造工艺示意图

由玻璃基板、黑色矩阵、彩色光阻层、透明导电膜、间隔柱组成[54]。

复杂的产品结构导致了复杂的制造工艺,如图 3-5 所示,彩色滤光片的加工依次经过拆包(unpack)、黑色矩阵(black matrix,BM)、彩色光阻层(color resist:red,green,blue)、透明导电膜(氧化铟锡膜,ITO)、间隔柱(photo spacer,PS)、捆包(pack)等工艺。每一个加工工艺处理完成后,都会进行质量检测,如果质量检测不合格,会进行修补流程,如果修补失败,就会进入重加工流程从头再来,如图 3-6、图 3-7 所示。复杂的制造工艺导致了绵长的生产线,其中有

图 3-6　彩色滤光片工艺流程简图

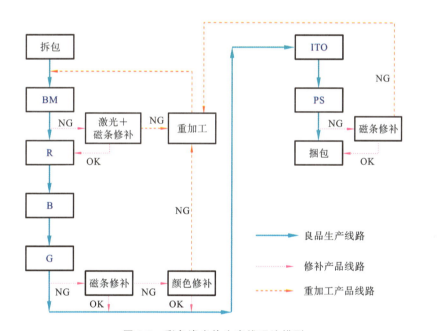

图 3-7　彩色滤光片生产线理论模型

众多的加工机台参与加工生产。如图 3-8 所示，以黑色矩阵工艺为例，该工艺至少需要经过 12 个机台的加工。由此可见，一片彩色滤光片要走完一个完整的加工流程，至少有 100 台各式机台的参与。由于加工机台数量庞大，当大量彩色滤光片被检测出缺陷时，故障定位就变得尤为困难。不过，得益于彩色滤光片的数字化生产模式，每个工艺的制造流程高度自动化，消除了人为影响，这使得产品的质量缺陷和机台间具有强相关关系，因此具有通过数据挖掘关联关系的基础。

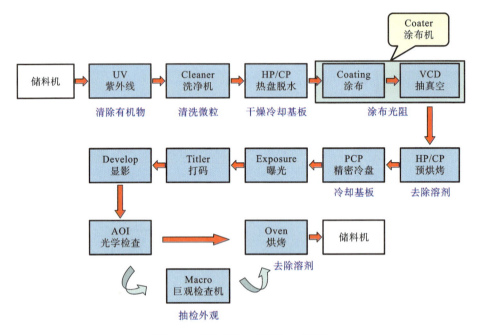

图 3-8　黑色矩阵工艺的加工流程

3.4　生产线数据的组成

如图 3-9 所示,彩色滤光片生产线数据主要由加工过程数据、机台警报数据、统计数据组成。其中:加工过程数据主要包含彩色滤光片的加工工艺参数、各工艺的加工时间、加工时的环境信息如温度、振动等;机台警报数据包含机台系统上传的警报类型、警报发生时间、警报等级等属性;统计数据包含良品率、设备故障率、修补片数等统计信息,数据量少,对故障机台的针对性弱,难以利用。

在现实情况中,大部分机械结构故障如电动机运作不良、机械手运动不到位,以及机械破损如液体泄漏导致的余量不足、气密性被破坏导致的污染物流入等,会与加工过程数据中的加工工艺参数、加工时间以及环境信息相关联并最终导致彩色滤光片缺陷的产生。同理,机台生产异常如特定指示量超出预设阈值、原材料的缺失、加工参数设置错误等都会产生警报,这些生产异常不断累加,从量变转为质变,最终也可能导致彩色滤光片缺陷的产生。因此,基于加工

第 3 章 基于大数据分析的彩色滤光片生产线故障定位框架

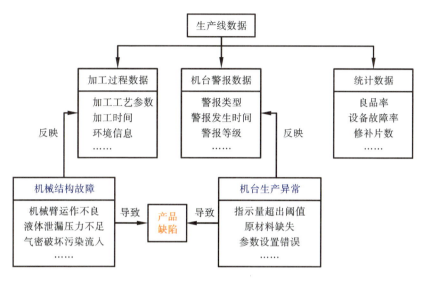

图 3-9　生产线数据的组成

过程数据和机台警报数据与彩色滤光片缺陷之间深度关联的事实，通过建立关联模型，可以挖掘隐藏的映射关系从而进行故障定位。

3.5　故障识别中存在的问题

3.5.1　加工过程数据分析存在的困难

1. 维度爆炸

一片彩色滤光片的加工至少经过了 100 台机台，这些机台在加工时的任何一个加工工艺参数都会成为加工过程数据中的一个特征，因此仅一台机台可能就会产生几十到几百个特征，这会导致加工过程数据出现维度爆炸的问题。

2. 数据稀疏

彩色滤光片的生产是典型的小批量、多品种生产模式，就算是批次相近的彩色滤光片，由于尺寸、特性的要求不同，工艺要求也相应不同，因而其加工过程数据的属性也不完全相同。因此，当进行数据聚合之后，一片彩色滤光片加工时没涉及的属性就会成为缺失值，大量的缺失值造成了数据稀疏的常态，对分类建模算法提出了更高的要求。

3. 案例稀少

故障定位最直观方便的形式就是有大量彩色滤光片缺陷和机台故障关联的案例,对此可以直接进行故障树的分析。然而在实际生产过程中,能直接发现联系的案例是非常稀少的,常常是操作人员对机台进行清洗、重置操作后缺陷得以消失,但是背后的故障根本原因并没有得到记录。

3.5.2 机台警报数据分析存在的困难

1. 警报洪水

由于参与生产过程的机台数量众多,因此当某些参数值超出预设值时产生的警报也非常多。技术表明,每十分钟有超过十个新的警报出现时,就可以认为发生了警报洪水,此时操作员已无力对所有警报进行分析处理。传统的技术是将警报等级分为高优先级和低优先级,当警报洪水出现时,只关注高优先级警报。显然,这种方式并不能很好地利用全部警报信息进行故障定位,被忽视的某些低优先级警报可能是发现故障根本原因的关键。

2. 无关警报干扰多、警报间的相关性高

在实际生产中,由于设备之间的因果相关性,一个故障根本原因可能会导致时间序列上一系列警报的发生。此时大多数警报可能都是干扰,警报间的高相关性被隐藏、不易发现。发现警报间的相关性,把一团警报聚类为单个故障根本原因,对警报洪水下的故障定位具有重要意义。

3.6 定位决策中存在的问题

1. 分析主观,决策存在矛盾

在复杂的实际业务情景下,技术人员经验的差异性、部门间信息的不对称性导致了不同的故障分析标准及流程。不同的分析技术和分析观点导致的矛盾时常存在。

2. 时间滞后

由于无法实时检测机台的运行状态,判断故障积累水平,传统的质量追溯流程要在彩色滤光片出现缺陷时才发起,这拉长了平均故障修复周期,增加了生产线不稳定运行的风险。

3.7 彩色滤光片生产线故障定位问题的解决方法分析

3.7.1 去冗余常用的特征选择技术

特征选择(feature selection)是从原始特征中筛选一组最有效、最具代表性特征子集的技术。通过特征选择可以降低样本数据维度,这是提高复杂度高的学习算法性能的一个重要且必要的手段。对于一个学习算法来说,好的学习样本是训练模型的关键。

不同于特征选择,特征提取(feature extraction)是指利用已有的特征计算出一个更抽象、冗余更少的特征集。但是对于工业生产线上的故障定位而言,使用特征提取后,难以解释提取后特征的物理意义,使得输出的决策结果缺乏解释性,故一般不采用特征提取。

迄今为止,很多学者从不同角度对特征选择进行了定义。Dash 等[55]定义特征选择是选择尽量小的特征子集,并满足不显著降低分类精度和不显著改变分类分布这两个条件。特征选择的基本框架如图 3-10 所示。

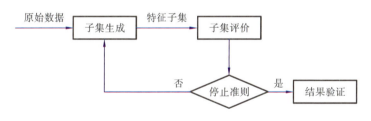

图 3-10　特征选择的基本框架

3.7.1.1 基于评价准则的特征选择技术

根据是否独立于后续学习算法来分类,特征选择技术可以分为两种类型:过滤器(filter)和封装器(wrapper)。过滤器独立于后续学习算法,通常直接使用所有训练数据的统计性能评价特征,速度快,但评价结果与后续学习算法之间的性能偏差较大。封装器使用后续学习算法的训练精度来评价特征子集,具有偏差小和计算复杂度高的特点,不适用于大数据集。它们的差异分述如下。

(1) 过滤器评价策略的特征选择技术。该技术通常使用评价准则来增强特征和类之间的相关性,并减少特征之间的相关性。评价功能可以分为四类:距离度量、信息度量、依赖性度量和一致性度量。典型的技术有自表示(regularized self-representation)特征选择和拉普拉斯评分(Laplacian score),分别利用了自表示性度量和距离度量。

(2)封装器评价策略的特征选择技术。除了上述四个评价功能之外,分类错误率也是所选特征子集优缺点的一种度量。Wrapper 模型将特征选择算法作为学习算法的组成部分,直接使用分类性能作为特征重要度的评价准则。封装器技术比过滤器技术慢,但优化后的特征子集相对较小,这对于关键特征的识别非常有利。同时,其准确性相对较高,但其泛化能力较差。

3.7.1.2 特征选择技术总结分析

综上所述,过滤器和封装器特征选择技术各有优缺点。与随机搜索策略相比,结合启发式搜索策略和分类器性能评价准则来评价所选特征可以节省大量时间。它们是两种可以组合的互补模式。实际生产中,不同的场景下不同的基评价器往往各有优劣,例如 SVM 只能很好地处理数据高维可分的情况,逻辑回归只在二元的情况下效果比较好,而很多特征选择技术比较局限,因此需要将适用范围广的技术(例如粒子群优化算法)应用于各种工业场景中。

3.7.2 过程数据分析常用的分类算法

3.7.2.1 常用的分类建模算法

建模算法有很多,根据建模目的来分有分类、预测、优化、控制等类型,其中分类建模算法主要包括以下几种。

1. K 近邻算法

该算法首先存储所有的训练样本,逐个分析新样本周围的 K 个最近邻点,然后把新样本标记为在 K 近邻点中频率最高的类。该算法简单有效,但因为需要存储所有的训练集,空间复杂度较高,往往达不到很高的准确率。使用该算法前通常需要先聚类来降低数据大小。

2. 支持向量机

支持向量机是一种基于核函数的技术,通过某些核函数如高斯函数将特征向量映射到线性可分的高维空间,然后建立线性判别函数或超平面,用于分割不同的类别。当数据集比较小时采用高斯函数支持向量机的效果常常最好。

3. 决策树

决策树是一类树状的分类模型。所有的数据根据初始和替代分裂点来划分给左右子节点。决策树的优点：① 计算量少，解释性强；② 适应多种数据类型（包括离散的类别数据、连续的数值数据，混合数据照样处理，不需要归一化）；③ 可以处理有缺失属性的样本；④ 通过分裂的顺序给数据特征赋予不同的重要性；⑤ 能够处理不相关的特征；⑥ 在相对短的时间内能够对大型数据源做出可行且结果良好的决策；⑦ 决策树构成了其他算法的基础，如 Boosting 和随机森林。

4. Boosting 技术

它是一类强大的集成技术，组合许多弱分类器来产生一个强大的分类器组。每一个弱分类器的性能只需要比随机选择好一点，因而弱分类器设计简单，计算复杂度低。将很多弱分类器结合起来组成一个集成的强分类器，就能得到性能优良的模型。其优点是模型简单，不容易发生过拟合，通常无须预先做特征筛选。

5. 神经网络

它是对非线性可分数据的分类技术，通过增加神经元的数量和层数，能以无限高的精度拟合非线性问题。不过这也导致了神经网络算法容易过拟合的问题。同时神经网络算法是典型的黑盒算法，解释性较差。

3.7.2.2 过程数据分类建模算法总结分析

如表 3-1 所示，相较于其他主要分类技术而言，Boosting 技术可以用简单的模型、较快的速度获得较好的准确率。其中，Xgboost 作为一种集成的封装技术，相比于其他技术有着运算速度快、可并行计算处理大数据、准确率较高的特

表 3-1 分类建模算法对比表

建模算法	优点	缺点
KNN	建模简单，计算量较小	空间复杂度高，准确率有限
SVM	对高维线性可分问题效果好	处理大数据集很慢
决策树	运算快，解释性强	完全仿真建模难度大、成本高
神经网络	分类精度高	参数多，解释性差
Xgboost	计算成本较低且准确率较高，基于决策技术，解释性强，适用于机理复杂的制造系统	模型参数多，调参复杂，需要高区分度的特征输入

点,而且其基于决策树的技术可以清晰准确地反映每个特征的重要度,有利于故障定位的确定和解释,适用于机理复杂的彩色滤光片生产系统,因此可作为本书的基评价器和建模算法。

3.7.3 警报数据分析常用的聚类算法

3.7.3.1 常用的聚类建模算法

聚类是一种无监督的机器学习技术。聚类算法可以将每个数据点划分到特定的类团中。理论上,属于同一组的数据点应该有相似的特征,而属于不同组的数据点应该有非常不同的特征。下面介绍几种不同的聚类建模算法。

1) K 均值(K-means)聚类

作为最常见的聚类算法,K-means 的优势在于速度快,每次迭代仅需要计算各个点和类团中心之间的距离,具有线性复杂度 $O(n)$,但复杂度很小。另一方面,K-means 有一些缺点:首先,需要提前确定分多少类,而理想情况下,人们更希望聚类算法能够帮我们解决分多少类的问题,因为它的目的是从数据中获得一些见解;其次,K-means 初始的聚类中心是随机选择的,所以它可能在不同的算法中产生不同的聚类结果。

2) 均值漂移聚类

此为基于滑动窗口的算法,试图找到数据点的密集区域。与 K-means 聚类相比,均值漂移聚类的一个巨大优势是它不需要选择簇的数量。聚类中心朝最大点密度聚集的特性非常优秀,能够被直观地理解。它的缺点是窗口大小/半径的选择可能是不重要的。

3) 高斯混合模型(GMMs)的最大期望聚类

首先,GMMs 比 K-means 在簇协方差方面更灵活。因为标准差参数不同,簇可以呈现为任意椭圆形状,而不是被限制为圆形。K-means 实际上是 GMMs 的一个特殊情况,这种情况下每个簇的协方差在所有维度都接近 0。其次,因为 GMMs 使用概率方法允许每个数据点以不同概率属于很多簇,即 GMMs 支持混合资格。

4) 凝聚式层次聚类

凝聚式层次聚类不需要指定簇的数量,而是可以选择合适的簇的数量,因为其本质是构建树状图。另外,该算法对于距离度量标准的选择并不敏感,多种距离度量都有很好的表现。层次聚类技术适用于基础数据具有层次结构的情况,并且能够恢复层次结构,其他聚类算法不能做到这一点。与 K-means 和 GMMs 的线性复杂度不同,层次聚类的这些优点是以较低的效率为代价的,因为它具有 $O(n^3)$ 的时间复杂度,训练时间较长。

3.7.3.2 警报数据聚类建模算法总结分析

如表3-2所示,在工业环境下,最适合用于聚类机台警报数据的是凝聚式层次聚类。其具有计算成本较低且聚类效果好,对距离度量标准的选择不敏感的特点。它可以还原每种情报之间的上下关系,在海量的机台警报中找出根源警报,聚类结果有层次结构,解释性强,适用于机理复杂的警报分析。然而层次聚类的前提,即如何评价各种警报之间的联系,仍然是一个主要问题。

表 3-2 聚类建模算法对比表

算法	优点	缺点
K-means 聚类	建模简单,计算量较小	需要提前确定类的数量
均值漂移聚类	朝最大密度区域聚集,理解直观	参数不易确定
最大期望聚类	类团形状灵活,效果好	计算量大,处理大数据集缓慢
凝聚式层次聚类	计算成本较低且聚类效果好,对距离度量标准的选择不敏感,聚类结果有层次结构,解释性强,适用于机理复杂的警报分析	对聚类样本要求高,不平衡问题影响较大,时间复杂度较高

3.7.4 信息融合算法

3.7.4.1 常用的信息融合算法

信息融合指利用多个传感器获取关于对象和环境全面、完整的信息,获得对对象的完整认识。由于信息具有多样性和复杂性,因此,我们对信息融合技术的基本要求是具有鲁棒性和并行处理能力。信息融合最常见的典型技术是证据推理。

Dempster-Shafer(D-S)证据推理技术是贝叶斯推理的扩充,其三个基本要点是:基本概率赋值函数、信任函数和似然函数。D-S 技术的推理结构是自上而下的,分为三级:第一级为目标合成,其作用是把来自独立传感器的观测结果合成为一个总的输出结果。第二级为推断,其作用是获得传感器的观测结果并进行推断,将传感器观测结果扩展成目标证据。这种推理的基础是:一定的传感器信息以某种可信度在逻辑上会产生可信的某些目标证据。第三级为更新，各种传感器一般都存在随机误差，在时间上充分独立地来自同一传感器的一组连续报告比任何单一报告都可靠，因此，在推理和多传感器合成之前，要先更新传感器的观测数据。

3.7.4.2 故障定位信息融合算法总结分析

如表3-3所示，证据理论的思路更符合人类的思维逻辑判断过程。在处理不确定信息时，其处理方式更为灵活，过程简单，需要的前提条件容易满足，易于推广融合规则，适用于多源故障定位判断的融合。但是，D-S合成规则依赖于归一化过程，特别是证据之间存在较大冲突时，可能做出明显有违常理的推断，在实际应用中还需要不断改进。

表3-3 信息融合算法对比表

算法	优点	缺点
卡尔曼滤波	时间、空间复杂度低，给出了统计意义下的最优融合和数据估计	组合信息大量冗余下计算量激增，单个故障会影响整个系统的可靠性
模糊逻辑	对信息的处理更接近人的思维	主观因素较多，标准不统一
证据理论	计算成本较低且融合效果好，符合人的思维判断过程，解释性强，融合方式灵活，适用于多源故障定位判断的融合	证据间存在严重冲突时容易得到不合理的结果

3.8 故障定位技术框架介绍

根据前文的介绍，故障定位在数据特征选择、故障异常分类、机台警报聚类、多源信息融合上面仍有非常多可以改进的空间。如图3-11所示，本节将介绍基于大数据分析的数字化生产线故障定位技术框架。该框架包含以下内容。

(1) 第一层(第4章)，基于变异二进制粒子群优化的Xgboost过程数据故障定位技术，针对过程数据与产品缺陷的相关性分析问题，采集缺陷产品在生产线上的加工过程数据、环境信息、物理信息等，聚合为训练所需的原始数据集。通过加入粒子个体按比例变异环节，解决粒子群优化存在的过早收敛问题，达到全局搜索精度和局部搜索精度的平衡。再利用二进制粒子群和粒子群同时进行特征选择和Xgboost调参，获得比单独特征选择和单独调参更好的准确率以及泛化性能，同时鉴于Xgboost较低的复杂度和较高的运算速度，算法

第3章 基于大数据分析的彩色滤光片生产线故障定位框架

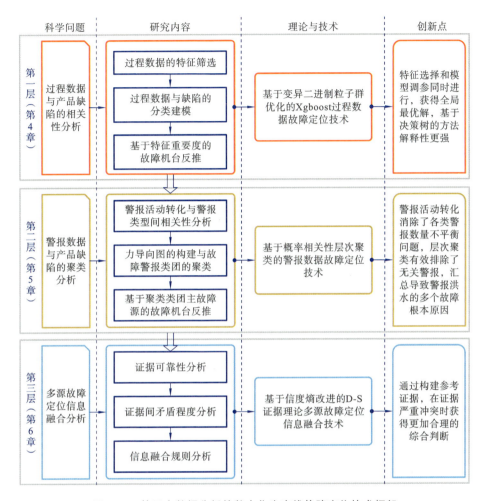

图 3-11 基于大数据分析的数字化生产线故障定位技术框架

得以在较短时间内完成,适应实际应用中的时效性要求。最后基于训练后的 Xgboost 模型提取特征重要度,根据特征重要度对机台进行排序以确定故障机台。特征重要度通过 Xgboost 建立的决策树模型获取,相较其他技术解释性更强。

(2) 第二层(第5章),基于概率相关性层次聚类的警报数据故障定位技术,针对警报数据与产品缺陷的聚类分析问题,首先采集一段时间内生产线上的机台警报信息,预处理成聚类所需的原始数据集,然后把故障活动按正态分布转化后累加到各自的警报类型上,解决了各类警报数量不平衡的问题,从而通过计算各种警报类型间的相关概率分布来比较它们在强度和周期上的相关性,进而生成相关概率分布图,通过图的连通特性进行相关警报分组,最后用层次聚类推导源问题警报,从而确定故障机台位置。层次聚类的方式有效排除了无关警报,只把相关性强的警报类型聚为一个类团,实现了警报洪水情况下的多故障根本原因划分。

(3)第三层(第 6 章),基于信度熵改进的 D-S 证据理论多源故障定位证据融合技术,针对多源故障定位证据的融合分析问题,首先计算信度熵来分析证据的可靠性,根据可靠性赋予证据不同的权重,加权累加为参考证据,作为证据严重冲突时的参考。通过引入参考证据,解决了 D-S 证据理论在矛盾较严重的情况下出现推导错误的问题,获得更加合理可靠的综合判断。

第4章
彩色滤光片生产线过程数据分析技术

4.1 引言

随着传感器技术、计算机技术、通信技术、物联网、数据存储等技术的发展,制造业产生并存储了大量数据,且其容量随时间呈指数级增长。鉴于故障机台的状态会产生大量的信息隐藏在过程数据之中,如图4-1所示,本章致力于分析故障定位技术的关键问题,介绍使用故障定位技术挖掘过程数据中的潜在信息,将其用于更加准确的故障定位。

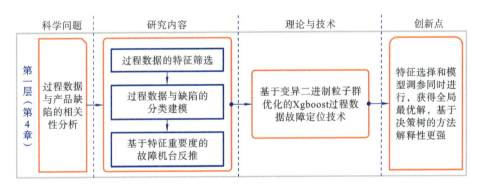

图4-1 过程数据分析技术简述

4.2 生产线故障定位问题分析

生产线故障定位技术是生产线故障修复的基础,是保证生产系统高效、稳定运行的前提[56,57]。在当今定制化、小批量、多产品、高规格的新常态化生产模式下,面对繁杂的生产工序、生产排程以及大量检测设备产生的海量数据,传统的质量分析技术在故障定位的效率和精度提升上已面临瓶颈。

以彩色滤光片为例,其每个工艺的制造流程高度自动化、数字化,排除了人为影响,这也使得产品的质量缺陷和工艺间具有强相关关系。然而,当缺陷数量或者缺陷面积等统计指标出现异常后,彩色滤光片制造企业通常用人工经验查询对应生产机台的加工记录以及警报信息,来对比加工工序中是否存在异常,如图 4-2 所示。

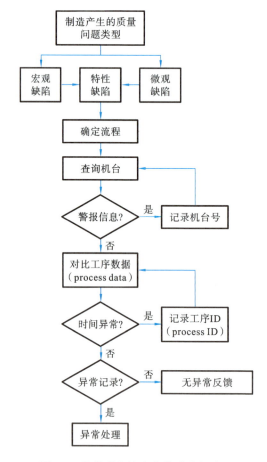

图 4-2 传统彩色滤光片故障定位流程

传统的故障定位流程存在两个主要的问题:① 分析困难。数字化生产导致的数据爆炸,复杂工艺及流程带来的样本维度不一以及外部干扰导致的数据噪声大、异常警报多等问题,给人工分析带来了巨大困难。② 时间滞后。由于无法实时跟踪数据来检测机台的运行状态,判断故障积累水平,传统的质量追溯流程要在彩色滤光片出现缺陷的时候才发起,这拉长了平均故障修复周期,增加了生产线不稳定运行的风险。

目前,已有故障定位过程数据分析技术主要利用传感器数据的噪声、振动等数据,而对于与缺陷同样强相关的加工参数和加工时间等多源过程数据的利用较少。同时,其中很多技术缺乏解释性,推导过程不为技术人员所理解,对技术人员的帮助较少。

4.3 基于变异二进制粒子群优化的 Xgboost 过程数据分析技术

鉴于已有技术存在的缺陷,本书介绍基于变异二进制粒子群优化的 Xgboost(extreme gradient boosting)过程数据分析技术,简称变异融合二进制粒子群优化(mutation combine binary particle swarm optimization,MCBPSO)算法,其技术框架如图 4-3 所示。该技术以数字化生产线的区块控制(BC)系统、制造执行系统(MES)、企业资源计划(ERP)系统中采集到的加工工艺参数、加工时间、环境信息等过程数据为输入,构建产品缺陷和过程数据之间的关联模型,从而不断地分析一段时间内的实时数据信息,进行故障定位的预测。

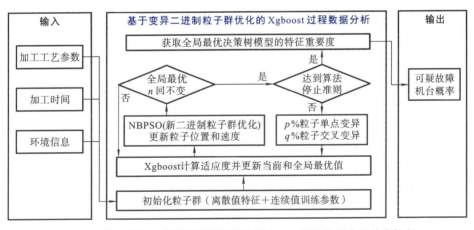

图 4-3　基于变异二进制粒子群优化的 Xgboost 过程数据分析技术框架

输入的过程数据经预处理后变成 m 维的数据集,再选取 Xgboost 主要的 n 个训练参数,初始化 30 个 $m+n$ 维的粒子群。其中:m 表示 0 和 1 的二进制变量,0 表示不选取该特征,1 表示选取该特征;n 表示大于零的连续变量,用于作为 Xgboost 的训练参数。使用 Xgboost 来计算每个粒子的训练准确率,将训练准确率作为粒子的适应度,并更新粒子当前最优值和全局最优值。使用粒子群和二进制粒子群的技术分别更新 n 维连续变量和 m 维二进制变量。迭代 s 次直到满足全局最优值不再改变,对 $p\%$ 的粒子中的某一维进行变异,对 $q\%$ 的粒子与随机其他粒子进行交换。继续迭代直到变异发生 k 次,获取此时全局最优 Xgboost 模型的特征重要度,根据特征所属的机台进行归类,机台重要度之和最高的最可能为故障机台,以此输出可疑机台概率。

4.3.1 初始化粒子群

粒子群优化(PSO)作为一种进化优化算法,最早是由 Kennedy 和 Eberhart[58]提出的。它起初是由鸟群、鱼群的生活规律启发而来。在自然界中,鸟群在觅食过程中有时候需要分散地去寻找食物,有时又需要群体搜索,而在每次的搜寻中,总会有小部分个体离食物的位置比较近,那么它就会在群体间传递信息,然后带领群体朝着食物源飞行。将其抽象成数学模型就是,每只鸟相当于一个粒子,鸟的位置信息作为需要优化的目标相当于粒子的特征,鸟寻找的食物相当于粒子寻找的全局最优点。因此,该算法首先需要确定优化的目标。

如图 4-4 所示,将粒子群优化应用到彩色滤光片过程数据分析上,需要优化的目标有维度爆炸的过程数据特征以及 Xgboost 模型的多个模型参数。将它们结合在一起就形成了粒子的特征,通过将过程数据特征初始化为 0 或 1,Xgboost 模型参数初始化为取值范围内的随机数,相当于将鸟随机散布在空间中,这样肯定会有鸟离食物比较近,优化迭代就可以进行。

图 4-4 粒子的组成和随机初始化

4.3.2　Xgboost 算法与适应度计算

Xgboost 是 GB(gradient boosting,梯度提升)的高效实现。GB 是回归和分类问题的学习模型,其以一组弱预测模型的形式产生强预测模型。通过每次迭代生成新决策树,并选择指向负梯度方向的弱预测模型来优化函数空间上的目标函数。Xgboost 基于 GBDT(梯度提升决策树)算法进一步优化,对损失函数采用二阶泰勒展开并引入一个常规项。这结合了多个树的预测得到最终结果,具有不易过拟合、收敛速度快、准确率高、解释性强等特点,能够处理稀疏特征,支持多线程并行处理。

Xgboost 的目标函数定义为

$$\text{Obj} = \sum_{i=1}^{n} l(y_i, \hat{y}_i) + \sum_{k=1}^{K} \Omega(f_k) \tag{4-1}$$

目标函数由两部分构成,第一部分 $l(y_i, \hat{y}_i)$ 用来衡量预测分数和真实分数的差距,另一部分 $\Omega(f_k)$ 则是正则化项。正则化项同样包含两部分:叶子节点的个数(T),叶子节点的分数(w)。γ 表示节点切分的难度,值越大则每次切分后目标函数的下降幅度要求更严格,可以控制叶子节点的个数;λ 表示节点权重的 L2 正则化系数,可以控制叶子节点的分数不会过大,防止过拟合。

通过二阶泰勒展开,最后可以将目标函数改写成关于叶子节点的分数(w)的一个一元二次函数,然后直接使用顶点公式求解最优的 w 和目标函数值即可。最优的 w 和目标函数值公式为

$$\begin{cases} w_j^* = -\dfrac{G_j}{H_j + \lambda} \\ \text{Obj} = -\dfrac{1}{2}\sum_{j=1}^{T}\dfrac{G_j^2}{H_j + \lambda} + \gamma T \end{cases} \tag{4-2}$$

通过生成新的决策树不断拟合预测结果与实际目标之间的误差,Xgboost 梯度提升树模型得以训练完成,其对样本的分类准确率代表了粒子与需要寻找的全局最优点之间的距离。显然,分类准确率越高,离全局最优点的距离就越近,因此分类准确率可以作为评价粒子适应度的指标。

4.3.3　粒子群的迭代更新

粒子的群体规模为 P,若将每一个粒子都看作解空间上的一个点,每个粒子 i 包含一个 D 维的位置向量,则第 i 个粒子的位置和速度向量分别为 $x_i = (x_{i1}, x_{i1}, \cdots, x_{ip})$ 和 $v_i = (v_{i1}, v_{i1}, \cdots, v_{ip})$。在搜索解空间时,保存粒子 i 搜索到

的最优经历位置 $\boldsymbol{p}_i=(p_{i1},p_{i1},\cdots,p_{iD})$ 以及所有粒子在历史搜索中的最优解 $\boldsymbol{p}_g=(p_{g1},p_{g1},\cdots,p_{gD})$。$c_1$、$c_2$ 为加速因子,控制粒子运动速度的比例,一般为正整数,r_1、r_2 为 $[0,1]$ 中均匀分布的随机数,d 为 D 维中的某一维,w 是惯性权重因子。故每个粒子的速度更新公式为

$$v_{id}^{t+1}=w\times v_{id}^{t}+c_1 r_1(p_{id}^{t}-x_{id}^{t})+c_2 r_2(p_{gd}^{t}-x_{id}^{t}) \tag{4-3}$$

1. 对于连续的 Xgboost 模型参数

粒子的位置可以是连续,适用于经典的粒子群优化,因此新的粒子位置是旧粒子位置与速度之和,即

$$x_{id}^{t+1}=x_{id}^{t}+v_{id}^{t+1} \tag{4-4}$$

2. 对于离散的数据特征维度

粒子每一离散维度的值 x_{ij} 和个体最优值 p_{ij} 都由 0 或者 1 表示,适用于离散二进制粒子群优化(binary particle swarm optimization,BPSO)算法[59,60]。粒子速度 v_{ij} 为粒子位置取 1 的概率指标,速度越快,粒子位置取 1 的概率越高。由于神经网络中的 sigmoid 函数也有相似的特点,所以一般用该函数将粒子速度映射到区间 $[0,1]$ 内,有

$$\text{sigmoid}(v_{ij})=\frac{1}{1+\exp(-v_{ij})} \tag{4-5}$$

则粒子位置更新公式可以表示为

$$x_{ij}=\begin{cases}1, & \text{rand}()<\text{sigmoid}(v_{ij})\\ 0, & \text{rand}()\geqslant\text{sigmoid}(v_{ij})\end{cases} \tag{4-6}$$

然而,通过理论和数据实验分析得知,BPSO 中粒子越靠近最优点时,其速度越接近于 0,位变异率也越高。当速度为 0 时,位变异率高达 0.5。这种设计虽然有利于种群的多样性,提高了算法的全局搜索能力,但是算法后期难以局部收敛。为了让二进制粒子群优化算法能在运算后期逐渐收敛,修改的 sigmoid 函数如下:

$$\text{sigmoid}(v_{ij})=\begin{cases}1-\dfrac{2}{1+\exp(-v_{ij})}, & v_{ij}<0\\ -1+\dfrac{2}{1+\exp(-v_{ij})}, & v_{ij}\geqslant 0\end{cases} \tag{4-7}$$

如式(4-7)所示,当速度为负时,概率映射函数递减;当速度为正时,概率映射函数递增;当速度为 0 时,函数值为 0。这种思想符合粒子群优化算法本质理念。

初始粒子进入种群后,一直迭代直到达到最大迭代次数或者期望准确率。由于粒子群优化算法具有高效的搜索能力,因此更可能得到多目标意义下的全

局最优解。

4.3.4 按比例的变异交叉

改进后的二进制粒子群和粒子群优化算法仍然存在一个共同的缺点,那就是若某一粒子落在局部最优值附近,由于粒子群优化算法只接受个体最优和全局最优的特性,因此算法会很快地收敛到局部最优值。为了改进这个问题,MCBPSO 算法通过添加遗传算法的变异环节,在算法运算到局部最优 n 回不变之后,对 $p\%$ 的粒子进行单点变异:

$$x_{ij}=\begin{cases}1, & \text{rand}()<\dfrac{p}{100} \text{ 且 } x_{ij}=0\\ 0, & \text{rand}()\geqslant\dfrac{p}{100} \text{ 且 } x_{ij}=1\end{cases} \quad (4\text{-}8)$$

对 $q\%$ 的粒子进行交叉变异:

$$\text{if rand}()<\frac{q}{100}\text{; randomselect } x_k, a, b; \quad (4\text{-}9)$$

$$x_i=x_i[:a]+x_k[a:b]+x_i[:b]$$

$$x_k=x_k[:a]+x_i[a:b]+x_k[:b]$$

变异和交叉后的粒子有一定概率跳出当前局部最优的范围,落入全局最优范围中,进而增强了算法的全局搜索能力。通过进行一定次数的收敛-变异循环,算法落入局部最优的可能性大大降低,于是算法更加稳定有效。

4.3.5 故障机台可疑排序

算法多次循环迭代优化,直到达到最大迭代次数或者获得预定精确率。此时使用全局最优解对应的二进制值作为特征选择的结果,使用其中对应的连续值作为 Xgboost 的训练参数,用全部数据进行训练得到提升树模型,统计模型中的每个特征作为分裂节点的次数,得到特征重要度。

对于分裂节点,Xgboost 使用了和 CART(分类与回归树)一样的想法,利用贪婪算法遍历所有可能的特征划分点,不同的是 Xgboost 使用了目标函数值作为评价函数。具体做法就是计算分裂后的目标函数相对于单个叶子节点的目标函数的信息增益,即分类精度的上升,采用基尼系数作为增益的计算标准:

$$\text{Gini}(D)=\sum_{k=1}^{K}p_k(1-p_k)=1-\sum_{k=1}^{K}p_k^2 \quad (4\text{-}10)$$

$$\text{Gini}(D,A) = \frac{|D_1|}{|D|}\text{Gini}(D_1) + \frac{|D_2|}{|D|}\text{Gini}(D_2) \tag{4-11}$$

$$\text{Importance}(A) = \text{Gini}(D,A) - \text{Gini}(D) \tag{4-12}$$

其中:D 为一棵决策树中的某一个枝干对应的彩色滤光片样本子集;K 是 D 中缺陷类型的个数;p_k 是第 k 个缺陷类型占整个样本子集的比例;D_1 和 D_2 是 D 通过某个特征 A 的值 a 进行分割得到的两个样本子集。一个特征的重要度通过统计模型决策树中该特征作为判断条件的次数得到。

显然,一个特征的重要度最高,该特征即在更多的决策树中作为判断条件出现,也就意味着其分类精度的提升最大,等价于其与缺陷的关联性越强。所以,重要度大小反映了该特征与产品缺陷的关联关系,即重要度越大,与缺陷的关联程度越高,特征对应的机台越可能有问题。

数据集的特征是由工艺参数、加工时间、环境信息组成的,工艺参数对应在一个机台上进行的加工工艺,加工时间是完成这个加工工艺的时间,通过这两种特征都可以追溯到特定的机台。环境信息根据其采集的地点,可能由一个或多个机台共有,因此通过环境信息也可以平均追溯到一个或多个机台上。

因此,各个特征的重要度 f_i 累加到其所属的机台上就可以得到机台的重要度 m_k,根据重要度占所有重要度的百分比,就可以得出机台的故障可疑性,简称可疑机台概率 MP,其计算公式为

$$m_k = \sum_{i \in m} f_i \tag{4-13}$$

$$\text{mp}_k = \frac{m_k}{\sum_{j=1}^{M} m_j} \tag{4-14}$$

$$\text{MP} = (\text{mp}_1, \text{mp}_2, \cdots, \text{mp}_M) \tag{4-15}$$

4.4 示例验证

4.4.1 MCBPSO 算法相关参数设置与分析

虽然 MCBPSO 算法在初始阶段对随机参数粒子需要设置的参数比较少,但是各类参数有不同的最优取值区间,随机取值以及算法运行时其值都有可能超过这个区间,导致结果泛化性能不好。因此需对不同参数进行分析与设置,确定一个较好的区间,使算法具备较好的搜索能力与收敛性。

4.4.1.1 粒子群中的参数

1. 种群大小 m

种群大小是需要首先确定的寻优指标,其对算法的收敛速度、精度和稳定性都有较大影响。显然,当种群较大时,粒子之间的信息交互会更多,算法的全局搜索能力更强,优化精度和稳定性更好,但算法的运行时间将大大增加。而当种群增大到一定程度后,对寻优能力已无明显影响,反而会大大增加寻优时间。许多学者研究了此参数的问题,如 Shi 和 Eberhart[61]提到"PSO 算法对种群规模不敏感",Yahia[62]等建议设置种群大小为 20~30 等。综合各方面意见,种群大小设置为 $m=30$。

2. 加速因子 c_1 和 c_2

加速因子 c_1 表示粒子当前的运行对粒子之前运行经验的学习程度,即通往个体最优解 p_i 的加速度。加速因子 c_2 表示粒子对整个种群之前运动经验的学习程度,即向全局最优解 p_g 的加速度。如果加速因子设置得很大,粒子可以快速移向最佳解决方案,但这可能导致粒子冲出最优区域。如果加速因子设置相对较小,则粒子运动的主要影响因素是随机初始化速度。Digalakis[63]指出两者均取 2.5 时效果较好,因此 $c_1=c_2=2.5$。

3. 速度阈值 v_{min} 和 v_{max}

在 MCBPSO 算法中,粒子位置是由粒子速度的 sigmoid 函数值决定的。由于 sigmoid 容易过饱和的性质,因此取 $v_{min}=-6 \text{ m/s}, v_{max}=6 \text{ m/s}$。

4.4.1.2 Xgboost 中的参数

1. 学习速率 learning_rate

学习速率决定了运行的速度,一般情况下学习速率取值为 0.1。但对于不同的问题,理想的学习速率有时会在 0.05~0.3 之间波动。在参数调整时一般要求较快的训练速度,取 learning_rate=0.1,训练后可以得到对应于此学习速率的理想决策树数量,以此作为之后训练的迭代回合数。

2. 最大深度 max_depth 和最小叶子值 min_weight

max_depth 决定了树的最大深度,也就显示了树的最大复杂度,min_weight 确保枝节不会过度分裂。面对极不平衡的分类问题时,需要取一个比较小的叶子值,这在故障定位里面是比较常见的。故各自的取值区间为 max_depth=[3, 12],min_weight=[1, 6]。

3. gamma

gamma 制定了节点分裂所需的最小损失函数下降值,这个参数的值越大,算法越保守。这个参数的值和损失函数息息相关,所以是需要调整的。取 gamma=[0,0.5]。

4. 样本采样率 subsample 和特征采样率 colsample_bytree

subsample 控制每棵树随机采样的比例。通过减小该参数的值,算法更加保守并避免过度拟合。但是,如果此值设置得太小,可能会导致调整不足。故取典型值 subsample=[0.5,1]。colsample_bytree 控制每棵树随机采样的列数的占比(每一列是一个特征)。故取典型值 colsample_bytree=[0.5,1]。

4.4.2 示例验证结果

为了校验 MCBPSO 算法解决不同问题的能力,BPSO、NBPSO[64]、MCBPSO 算法分别在 7 个标准函数(见表 4-1)下进行对比。这些函数广泛用于评价进化算法[63]。表 4-2 的对比结果显示,MCBPSO 算法在 7 个标准函数中都比 BPSO 算法和 NBPSO 算法更为出色,拟合效果最好的 F1 函数甚至可以做到零误差。标准函数实验证明了 MCBPSO 算法在理论示例实验中的优越性。

表 4-1 标准函数表

函数序号	公式
F1	$f_1(x) = \sum_{i=1}^{n} x_i^2$
F2	$f_2(x) = \sum_{i=1}^{n} |x_i| + \prod_{i=1}^{n} |x_i|$
F3	$f_3(x) = \sum_{i=1}^{n} \left(\sum_{j=1}^{i} x_{ij} \right)^2$
F4	$f_4(x) = \max_{i} \{ |x_i|, 1 \leq i < n \}$
F5	$f_5(x) = \sum_{i=1}^{n-1} [100(x_{i+1} - x_i^2)^2 + (x_i - 1)^2]$
F6	$f_6(x) = \sum_{i=1}^{n} [x_i^2 - 10\cos(2\pi x_i) + 10]$
F7	$f_7(x) = -20\exp\left(-0.2\sqrt{\frac{1}{n}\sum_{i=1}^{n} x_i^2}\right) - \exp\left(\frac{1}{n}\sum_{i=1}^{n}\cos(2\pi x_i)\right) + 20 + e$

表 4-2 不同粒子群优化算法标准函数拟合结果对比

函数序号	BPSO	NBPSO	MCBPSO
F1	1537.3	0.2197	**0**
F2	6.8130	0.0185	**0.0032**
F3	1633	11.8067	**0.0986**
F4	27.7353	0.5353	**0.0336**
F5	2.4821E5	153.2453	**27.1780**
F6	33.2038	3.6736	**0.8748**
F7	13.4781	0.3905	**0.0084**

接着为了验证 Xgboost+MCBPSO 算法的效果,采用文献[30]中的实验数据验证对比 SVM、Xgboost、Xgboost+BPSO 等算法的结果。实验结果如表 4-3 所示,Xgboost+MCBPSO 算法在两个数据集中都取得了最好的分类准确率,证明了 Xgboost+MCBPSO 算法的有效性和优越性。

表 4-3 不同算法数据集分类结果对比

数据集	训练样本	测试样本	SVM	SVM+BPSO	Xgboost	Xgboost+BPSO	Xgboost+MCBPSO
草地-牧场	91	392	95.66	95.92	95.47	96.94	**97.68**
草地-数目	137	593	96.80	97.64	96.94	98.48	**99.11**

第 5 章
彩色滤光片生产线警报数据分析技术

5.1 引言

第 4 章使用数字化生产系统中的过程数据进行了故障定位的推导,与此同时,作为另一种重要数据源的警报数据也普遍用于给操作员发送异常通知,例如设备故障或设定超出边界值等通知。然而,设备与其警报之间的因果依赖性常常导致警报洪水,即在一段时间内产生大量的警报。在这一研究领域,警报洪水通常由警报率定义,每十分钟出现 1～10 个新警报即可认为出现了警报洪水,此时操作员不再能对每一个警报进行有效处理。因此,警报模式检测成了一个热门研究领域,其重点在于找到因果依赖的警报模式以在系统运行期间特别是出现警报洪水期间为操作员提供支持,例如将已知的警报模式汇总到单个通知,预测警报模式的发生或将警报模式链接到已知的根本原因,等等。

如图 5-1 所示,本章针对警报洪水情况下操作员在短时间内无法处理大量信息而导致的故障定位效率和精度下降问题,介绍了一种基于概率相关性层次聚类的警报数据故障定位技术,以实现准确的故障机台识别,保证生产线的稳

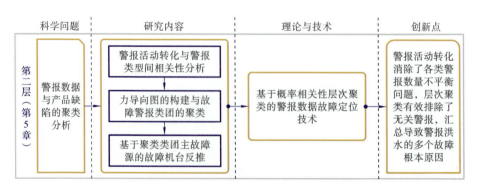

图 5-1 警报数据分析技术简述

定运行。5.2 节分析了警报数据的不平衡特性,并将警报数据的故障定位问题抽象成聚类问题。在此基础上,5.3 节详细介绍了警报数据分析技术框架,以及框架内部相应的技术步骤。5.4 节通过实例验证了该技术的有效性。

5.2 警报数据用于故障定位的问题分析

警报数据故障定位问题是通过分析警报数据的各个维度,进而识别其中隐含的一个或多个故障根本原因的问题。该问题的输入是警报数据,输出是每个机台有故障的概率,即可疑故障机台概率。

用已有技术查找警报模式时,警报数据通常采用数据驱动的方式进行分析和处理。虽然也有部分学者建议加入其他信息来源,例如工程文件,以丰富数据驱动的技术,但是这些信息如历史故障案例往往稀少而且格式不统一,其中需要人工参与的部分也难以应用和链接到警报数据上。基于附加信息中的限制,警报模式检测仍然需要单独的数据驱动技术(要求 1)。为了工业上的应用,要保证故障定位结果的时效性,需要使用低计算复杂度的技术(要求 2)处理大量数据并接近实时的计算结果。此外,技术还需要具备足够的鲁棒性(要求 3)以排除随机波动导致的无关警报以及分辨多故障同时发生时产生的叠加洪水。

由于警报数据往往没有与故障一一对应的信息,即样本没有标签,故警报数据故障定位问题往往抽象为无监督学习问题,该类问题一般针对具体的业务场景选择合适的聚类技术,获取较好的准确率。针对数字化生产线故障定位场景的 3 点要求,根据 3.7.3 小节的分析,层次聚类相比于其他聚类技术,在解释性、鲁棒性上有一定优势,因而在市级工业场景中被广泛使用。

除了选择合适的聚类算法以外,警报数据还存在数量不平衡的问题。通过对各种警报进行统计发现,在单条生产线一个月内少量的警报类型出现了几千次,而大部分警报类型只出现了寥寥几次,数量排名前 20% 的警报类型加起来占据了总警报数量的 94%,警报数据呈现出明显的不平衡特性,如图 5-2 所示。若采用一般的聚类技术构建警报数据的聚类模型,通过警报发生时间和警报类型两个维度进行聚类,则警报数量多的类型会因为数量优势占有更多的权重,使得模型倾向于学习数量多的警报类型的分布规律,而这并不一定是故障的真实规律,最终导致模型准确率低,泛化性能低下。因此,警报数据故障定位问题可以抽象为机器学习中的聚类的不平衡学习问题。

综上所述,对于警报数据故障定位问题,需要实现以下两个目标。

(1) 通过数据驱动的方式在警报洪水中提高故障定位的准确率。

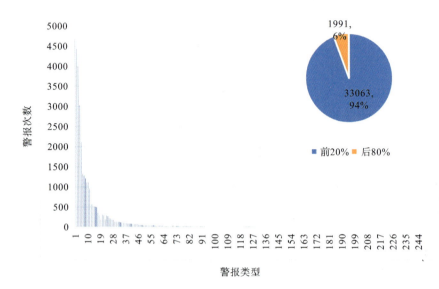

图 5-2　各警报类型出现次数分布图

警报数据通过无监督聚类学习的方式建立与故障根本原因之间的关系，需要较好的准确率、较少的运算量和较强的鲁棒性。

（2）平衡各类型警报数量差距巨大下的模型准确率。

需要充分考虑各警报类型间的数量不平衡特性，并设计样本转化算法对样本进行平衡，保证模型在多种警报数据分布的情况下具有相近的准确率。

第一个目标可以通过层次聚类模型实现，通过选择合适的模型并精细调整模型参数，提高模型的分类准确率以提高识别故障根本原因的准确率。第二个目标可以通过设计样本转化算法来实现，通过将每个类型的所有警报转化为横跨整个样本时间段的概率分布函数的形式，标准化每个类型警报的影响能力，从而实现警报样本的平衡化。

5.3　基于概率相关性层次聚类的警报数据分析技术

5.3.1　基于概率相关性层次聚类的警报数据故障定位技术框架

针对 5.2 节介绍的算法设计目标，结合 3.7.3 小节分析出的现有聚类技术的不足，介绍一种基于概率相关性层次聚类的警报数据故障定位技术框架，如

图 5-3 所示。

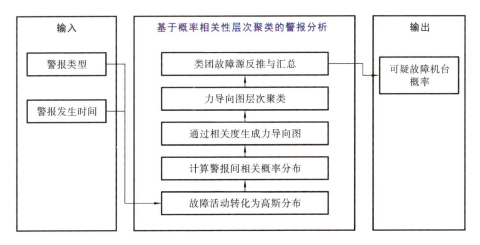

图 5-3 警报数据故障定位技术框架

该技术以警报数据的警报类型和警报发生时间作为输入,以可疑故障机台概率作为输出,以概率相关性层次聚类算法构建输入和输出之间的映射。该技术首先通过将单个故障活动转化为峰值为 1 的独立高斯分布,然后叠加同一类型故障的高斯分布,使得每一类故障都标准化为最大值为 1 且横跨样本所在时间段的概率分布函数,从而实现对数量不均衡警报的平衡。通过逐个对比各类警报时域上的重叠,计算任意两类警报在周期和强度上的相似性,再通过对其中一方进行平移比较,保证获得的是相似性的最大值。把每一类警报作为图上的一个数据点,由相似性确定其相互之间的引力,再加入斥力和重力,经过逐步迭代形成稳定的力导向图。根据图上各点之间的空间位置进行层次聚类,将接近同一中心的点划分为一个类团,只有当类团内数据点的数量足够多时,该类团才能作为一个故障原因对应的类团,最后确定每个类团对应的故障机台,综合各类团的结果给出可疑故障机台概率。下面对框架中的各步骤和算法进行详细介绍。

5.3.2 离散故障活动高斯分布转换

警报数据中包含机台 ID、警报等级、警报类型、警报内容、受警报影响的彩色滤光片列表、警报发生时间(激活警报)和取消时间(停用警报)等信息,如表 5-1 所示。在实际应用中,人们发现如果两个警报类型 A 和 B 经常在相近的时间段出现，那两者之间很有可能存在关联，有可能是由同一个故障根本原因导致的，也有可能是因 A 而 B 的因果关系。通过找出这些由相关性所关联起来的类团，就能把大量警报总结为少数几个类团，进而推导出每个类团代表的故障根本原因，从而帮助操作员在警报洪水中快速有效地识别故障问题。

表 5-1 警报数据的属性表

机台 ID EQP_ID	警报等级 ALERT_LEVEL	警报类型 ALERT_CODE	警报内容 ALERT_COMMENT	受警报影响的彩色滤光片列表 GLASS_ID_LIST	警报发生时间 OCCURE_TIME
BL1-AOI-01	L	0000026C	[OP-Call] Birth "Glass Common Defect"	7X29P201170ETVHA	02-11月-17 11.18.36.437000 下午
BL1-DHC-01	L	00000891	F891 Upstream Glass Data NG	7X29P206150ETVHA,7X29P204960ETVHA 7X29P206410ETVHA	03-11月-17 02.53.10.000000 上午
BL1-EXP-01	H	100000CB	The upstream equipment does not receive the end signal of work reception.	7X28P310780EAAEA,7X28P310780EAAEA	02-11月-17 05.25.35.000000 下午
……					

然而，如果根据这个想法直接比较两个警报类型的发生时间段，那么存在几个缺点：

(1) 如果第一个警报在出现不久后就被取消，那么警报发生时间段之间可能没有交集，如图 5-4(a) 中的警报类型 A 和 B。

(2) 一些警报可能会有持续时间很长的发生时间段，例如警报被操作员认为是不重要的，同时警报通知被隐藏了，如图 5-4(a) 中的警报类型 A 和 D，那么即使 A 和 D 与另一个持续时间很长的警报类型多次相关，也不能确定它们之间的关联关系。

(3) 波动型的警报，即在短时间内多次激活和停用的警报，如图 5-4(a) 中的警报类型 C，在其波动的时间段内，这类警报的激活可能不代表有新故障产生，

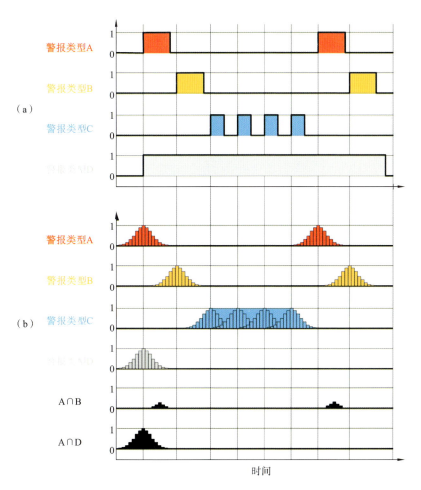

图 5-4　不同警报类型示例

（a）警报的出现和持续时长；（b）对于警报的高斯离散转化以及警报类型 A 和 B 及 A 和 D 之间的概率相关性

它的停用也可能不代表故障已经消除,需要作为一个整体来考虑。

（4）如果只针对警报的机台 ID 和发生时间进行聚类,而不考虑警报类型,那么共出现了 4 次的警报类型 C 自然比其他 3 种警报类型拥有更大的权重,因此聚类后很有可能有一个或多个类团中心由警报类型 C 决定,如图 5-5 所示,但这不一定符合实际情况。

因此,要替代警报的机台 ID,Yang 等[65]建议通过一组正态分布的集合来近似表征警报数据中警报的发生。如图 5-4(b)所示,一个警报类型的集合由与其警报同等数量的一组正态分布组合而成,每个正态分布的最大值都为 1,标准

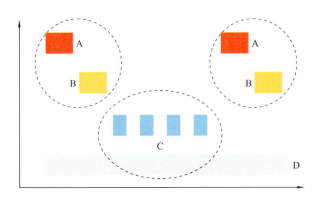

图 5-5 警报的机台 ID 和发生时间的聚类示意图

差为 σ。为了方便计算，同时不影响模型对现实的近似，我们将连续正态分布离散为间隔 $r=1$ min 的离散正态分布，得到了对应每个间隔内警报活动的向量

$$\tau_{i,t,n}$$

其中：i——警报类型 A，B，C，D，…；

t——时间段内的第几个时间间隔，$t=1,2,3,…$；

n——时间段内该类型的第几个警报，$n=1,2,3,…$。

对于波动的警报类型，可能会出现正态分布有所重合的情况，如图 5-4(b)中的警报类型 C，此时根据向量 $\tau_{i,t,n}$ 代表警报类型 i 的第 n 个警报在 t 时间段内出现的概率进行叠加，得到警报类型 i 在 t 时间段内出现的综合概率。如果累加和超过 1，根据概率最大值不超过 1 的原则取为 1，即警报类型 i 在 t 时间段内的概率分布函数 $v_{i,t}$ 为

$$v'_{i,t} = \sum_{n=1}^{N} \tau_{i,t,n}, \quad \forall t \in T \tag{5-1}$$

$$v_{i,t} = \min[v'_{i,t}, 1] \tag{5-2}$$

将警报转化为正态分布有以下目的：即使两个警报同时发生，只要快速取消第一个警报，警报就不会重叠，但正态分布会重叠。此外，由于正态分布是对警报发生时间的近似，对警报的持续时间不做衡量，因此不会因为警报持续时间的长短影响关联关系的测量。正如 Arroyo 等[66]的研究表明，警报的确切发生通常取决于超出预设边界值的时间点，通过正态分布的模糊化能更好地模拟故障的发生时间。

5.3.3 警报类型间相关度的计算

通过把同类警报转化为正态分布的集合，警报数据从数量不平衡的警报样

本转化为时间范围一致、高度范围均在[0,1]的警报类型样本。作为对样本进行无监督聚类的前提,首先需要获取样本之间的模式相关性,即比较两者在波动幅度、周期性以及在时域平移后是否有相似的地方。如果相似的地方越多,计算出来的相关度就越大,两者之间越可能存在相关关系或者因果关系,则两者越有可能属于同一个故障根本原因引起的警报。

为了计算警报类型间的相关度,将两个警报类型概率分布函数的交集区域与单个警报类型的概率分布函数进行比较,如图 5-4(b) 的 $A \cap B$。所以相关度的计算公式为

$$\pi(i,j) = \frac{\sum_{t=1}^{T} \min(v_{i,t}, v_{j,t}) r}{\sum_{t=1}^{T} v_{j,t} r} \quad (5-3)$$

可以看出,如果警报类型 i 和 j 的警报发生时间经常只有短暂的间隔,那么它们在每一时刻概率的交集 $\min(v_{i,t}, v_{j,t})$ 就会变大,同时交集大的地方会周期性地重复出现,使得总的交集面积也会比较大;如果警报类型 i 和 j 同时出现但是互相独立,那么就会有小部分区域交集大,但是这种区域没有多次出现,因此总的交集面积还比较小,这说明这个计算技术能有效忽略随机波动出现的不相关警报。通过计算每一对警报类型的相关度可以获得相关度矩阵。由于 $\pi(i,j)$ 的计算引用了 $v_{j,t}$ 的面积,所以 π 是不对称的。

考虑到实际相关性很强的两个警报类型可能因为时间滞后远大于正态分布标准差 σ 而导致两类警报存在交集的区域很小的情况,通过对一个警报类型进行时域上的平移可以很大程度上解决时间滞后导致的相关度计算误差问题。平移的距离如果过小,对相关度计算误差的修正就很有限;平移的距离如果过大,计算量就太大会影响算法在实际应用中的低计算成本要求。最优的平移距离在警报类型的平均周期的一半和正态分布标准差 σ 的 3 倍之间进行选择,即有

$$D = \max\left(3\sigma, \frac{T}{2n_i}, \frac{T}{2n_j}\right) \quad (5-4)$$

$$\underset{d_b}{\arg\max} \left[\frac{\sum_{t=d}^{T} \min(v_{i,t}, v_{j,t+D-1}) r}{\sum_{t=d}^{T} v_{j,t} r}, d = 1, 2, \cdots, D \right] \quad (5-5)$$

$$\pi_b(i,j) = \frac{\sum_{t=d_b}^{T} \min(v_{i,t}, v_{j,t+D-1}) r}{\sum_{t=d_b}^{T} v_{j,t} r} \quad (5-6)$$

式中：n_i——第 i 个警报类型含有的警报个数；

D——最大平移距离；

d_b——相关度最大时的最优平移距离；

π_b——最大相关度。

由于只在 $\min(v_{i,t},v_{j,t})>0$ 时才考虑警报类型，其他时间节点都可以忽略，而每一个警报类型自身的和 $\sum_{t=d}^{T} v_{j,t} r$ 也只需要计算一次，所以算法可以优化到线性复杂度，对比大部分平方复杂度的算法计算时间更短。

5.3.4 警报相关性的力导向图构建

通过 5.3.3 小节，我们获得了每一个警报类型对 (i,j) 的相关度 $\pi_b(i,j)$。但是考虑到相关度这个指标已经综合考虑了警报的数量和出现频率上的差异，而参照表 5-1 其他的数据属性也不具备物理上的意义，用于聚类效果也不好；又考虑到警报类型数据集的大小，无法对警报进行人工分组，因此，需要一种自动将强相关警报进行分组的技术。

Mathieu 等[67]提出的基于图的技术正适合解决该问题。基于图的技术考虑了描述两个元素之间的连接强度的某个值，通过这个值确定吸引力的大小，同时基于距离确定排斥力和重力，进而借鉴类似于星系形成的方式构造形成图。最初，该技术主要用于可视化网络连接，如社交网络，将紧密连接的元素分为多个彼此靠近的组。相关度矩阵用于描述任意两个警报类型之间的相关度。

首先将每个警报类型都转化为一个二维坐标上的数据点，并进行初始化。然后通过迭代，将相关度高的警报类型拉向彼此，同时将相关度低的警报类型推离彼此。在迭代过程中，组成图的三种力发挥不同的作用：(1) 由相关度和欧氏距离决定的引力负责把相关度高的警报类型拉向彼此；(2) 与欧氏距离成反比的排斥力负责把每一个数据点推开，保持一定的最小间距；(3) 与欧氏距离成正比的重力负责将每个警报类型拉回到数据空间的重心，使得一些不重要的警报类型不会向无限远处漂移。重复该过程，直到三个力互相平衡并且系统收敛。

在二维数据空间的所有警报类型随机初始化位置后，警报类型 i 和 j 之间的吸引力 $F_{a,n}(i,j)$ 可以计算为

$$F_{a,n}(i,j) = k_a \cdot \pi_b(i,j) \cdot d_n(i,j) \tag{5-7}$$

$$d_n(i,j) = \sqrt{(x_i-x_j)^2+(y_i-y_j)^2} \tag{5-8}$$

式中：n——迭代次数；

k_a——吸引力系数；

$\pi_b(i,j)$——警报类型 i 和 j 之间的最大相关度；

$d_n(i,j)$——警报类型 i 和 j 数据点之间的欧氏距离。

从公式中可以看出吸引力正比于最大相关度和距离，意味着强相关的警报类型就算初始化时相距较远，迭代完成后也会被拉到相近的位置，达到主要的聚类分组目的。调节吸引力系数 k_a 会影响警报类型聚合的程度和数量，进而影响分组的结果。

与吸引力相对的是排斥力。由于弱相关或者不相关的节点应位于不同区域，因此排斥力 $F_{r,n}(i,j)$ 提供的是与距离成反比的斥力。

$$F_{r,n}(i,j)=-k_r \cdot \frac{1}{d_n(i,j)} \tag{5-9}$$

式中：k_r——排斥力系数。排斥力随着两个警报类型的距离的减小而增大，但本身与最大相关度无关，可以确保仅将高相关度警报类型组合在一起，并且推开其他无关警报类型。通过调节 k_r 的大小，即高相关度的阈值，可以形成清晰可辨的警报组。

最后一个力 $F_{g,n}(i,j)$ 将所有警报拉向其中心。在式(5-10)中，$d_n(i,j)$ 描述了警报类型 i 的数据点在第 n 次迭代中距离数据空间中心点的欧氏距离。通过调整重力系数 k_g 可以调整整个数据样本集的分散程度。

$$F_{g,n}(i,j)=-k_g \cdot d_n(i,j) \tag{5-10}$$

重力的作用可以用以下示例解释：假设存在两组警报类型，两组内的所有警报都彼此具有强相关性，但两组之间只存在很弱的相关性，那么在吸引力和排斥力的作用下，会形成两个组团，但两个组团之间的排斥力会远远大于吸引力，经过一定的迭代次数后，两个组团间会相距甚远，既不利于后期的聚类也不利于可视化的显示。然而，重力的引入可以抵消一部分排斥力，让所有类团都在数据样本重心点周围排布，避免相距太大的情况的发生。

$F_n(i)$ 表示警报类型 i 的数据点在迭代第 n 次时受到的外力合力。在式(5-11)和式(5-12)中，$X_{n-1}(i)$ 表示的是警报类型 i 在上一次迭代中的警报位置，通过 $F'_n(i)$ 的作用移动到新的位置 $X_n(i)$，$F'_n(i)$ 是 $F_n(i)$ 基于该次迭代下最大合力进行归一化的结果，以此避免合力过大引起的反复振荡和不收敛。

$$F_n(i)=\sum_{j=1,j\neq i}^{J} F_{a,n}(i,j)+\sum_{j=1,j\neq i}^{J} F_{r,n}(i,j)+\sum_{j=1,j\neq i}^{J} F_{g,n}(i,j) \tag{5-11}$$

$$X_n(i)=X_{n-1}(i)+F'_n(i) \tag{5-12}$$

5.3.5 力导向图的层次聚类

5.3.4 小节的基于警报类型相关性的力导向图构建完成后,每一个警报类型的坐标即作为自下而上的层次聚类的输入。如图 5-6 所示,通过层次聚类多次的迭代循环运行能够实现对相关警报类型的精确聚类。

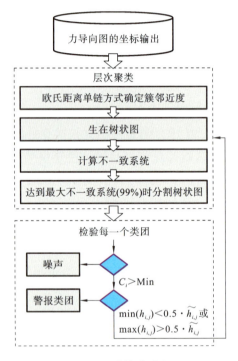

图 5-6　层次聚类流程图

基于二维警报类型坐标数据集的层次聚类采用凝聚的自底向上的方式,初始时把每一个警报类型数据作为一个簇,每一步合并最相近的簇,生成层次关系的树状图。通过不一致系数作为簇的分裂标准[68],计算不一致系数并在不一致性达到 99%(即最大不一致性)的时候进行树状图的分割。经过分析证明 99% 的阈值是对数据进行适度分割和形成少量类团的合适阈值,因为只有最独特的数据会被分离成簇。因此,如果满足以下条件,则生成的类团将进一步分裂:类团内的警报类型数据必须超过一个最小值 C_i,否则该类团会被定义为噪声,因为它们的数量不足以证明它们与一个故障根本原因相关;此外,各个树状图的最小高度 $\min(h_{i,j})$ 小于 $0.5\widetilde{h}_{i,j}$ 时或者最大高度 $\max(h_{i,j})$ 大于 $1.5\widetilde{h}_{i,j}$ 时,表明类团仍然至少包含一个连接,可以进一步分割。只有当所有警报类型都被定义为不同的类团或者噪声时,迭代才会停止。

5.3.6 警报类团根本原因故障机台排序

5.3.5 小节通过层次聚类获得了多个代表不同故障根本原因的警报类团,通过统计类团中的警报类型都来源于哪些机台可以反推出发生故障的机台,从而进行机台定位。记第 i 个警报类团中第 j 个机台作为警报类型的来源出现了 S_{ij} 次,以此得到第 i 个警报类团中的可疑故障机台概率为

$$\mathrm{MP}_{ij} = \frac{S_{ij}}{\sum_{k=1}^{M} S_{ik}} \quad (5\text{-}13)$$

$$\mathrm{MP}_i = (\mathrm{MP}_{i1}, \cdots, \mathrm{MP}_{iM}) \quad (5\text{-}14)$$

其中:MP_{ij}——第 i 个警报类团中第 j 个机台有故障的概率;

MP_i——第 i 个警报类团的可疑故障机台概率。

同时为了关注影响程度大、影响时间集中的机台问题,对第 i 个类团取其警报类型的数量 n_i 的对数作为权重,进而综合每个类团的分析结果,得出整个警报数据对应推导出的可疑故障机台概率为

$$\mathrm{MP} = \frac{\sum_{i=1}^{k} \mathrm{MP}_i \times \lg(n_i)}{\sum_{i=1}^{k} \lg(n_i)} \quad (5\text{-}15)$$

5.4 示例验证

该示例包括在 Matlab R2017a 中实现数据预处理和聚类的算法,通过文献[38]中的两种不同的数字化生产线上获得的工业警报数据集进行算法的有效性评估。警报数据给出的信息包含警报 ID、激活时间以及停用时间,在此示例中没有使用进一步的信息。

数据集 A 包含 1827 种不同的警报,一年内发生 52534 次。数据集 B 包含 2338 种不同的警报,一年内发生了 44012 次。数据集的警报率在图 5-7 中给出,一天内超过 10 分钟 10 次的报警有 4 次,警报率达到了警报洪水的标准,应该将相关联的警报简化为单一通知来帮助操作员排除故障。对于数据集 $A(B)$,最常见的警报在一年内发生 2823(4928)次。除了一些高频率发生的警报外,数据集 $A(B)$ 中警报发生次数的中位数是 10(7)。

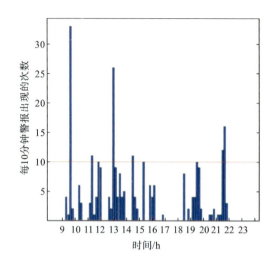

图 5-7 数据集警报率(一天内每 10 分钟警报出现的次数)示意图

尽管两个数据集存在一些差异,但所提出的警报模式检测技术的最佳模型参数是相同的,如表 5-2 所示。转化为正态分布的标准差设置为 10 min,较高的标准差会增加正态分布的重叠,导致具有较高时间距离的警报之间的概率相关性增加,因此应该基于底层数字化生产线的特性来定义标准差。对于故障或警报传播缓慢的系统,虽然通过时域平移已经能很好地抵消部分时间滞后问题,但仍可能需要较高的标准差来捕获相关度。对于基于力导向图的聚类,必须考虑 3 个力的作用因素,且吸引力和排斥力必须得到平衡,以实现类团之间的清晰分离以及类团内的强力聚合。此外,重力必须足够强以在有限的空间范围内保持各个离散的簇。由于这些参数对聚类结果的质量有很多影响,因此最好的评估方式是对基于图形的聚类进行可视化,以立即评估所选参数的好坏。

表 5-2 数据集 A 和 B 的最佳模型参数

	预处理		基于力导向图的聚类			聚类
	标准差 SD	离散间隔 r	吸引力系数 k_a	排斥力系数 k_r	重力系数 k_g	类团最小值 Min
A	10 min	1 min	1.5	2.5	1.5	5
B	10 min	1 min	1.5	2.5	1.5	5

如图 5-8 所示,最终聚类结果的可视化揭示了大量相关联的警报类团。根据类团的最小警报类型数限制,最小的类团包括 5 个相关联的警报类型。数据

集 $A(B)$ 中最大的类团包含 73(80) 个警报类型。类团中的警报类型常常在短时间内一同出现,所以可认为它们存在高度相关性。最常见的警报类团出现了 13 次,包括 8 种不同的警报类型。根据图 5-9 比较该警报类团的不同事件可知,即使序列被其他警报或警报类团插入打断,该技术仍然会检测到该模式,满足了算法的鲁棒性要求(要求 3)。此外,在具有 8 核 CPU(i7-9700k) 和 32 GB 内存的服务器上,数据集 $A(B)$ 的计算时间为 15 s(20 s),满足低计算成本的要求(要求 2),由于该技术仅需要数据的输入,因此是数据驱动的算法模型(要求 1)。

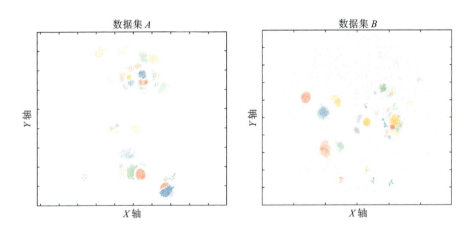

图 5-8 数据集 A 和 B 基于力导向图的层次聚类可视化图

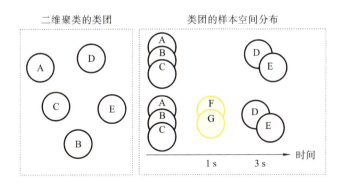

图 5-9 数据集 A 中各类团在样本空间的分布

第 6 章 彩色滤光片生产线故障定位信息融合技术

6.1 引言

在数字化生产线日益复杂的今天,大量传感器采集的数据用于故障诊断,以支持系统的安全稳定运行。正如第 4 章基于过程数据做出的故障定位判断以及第 5 章基于警报数据做出的故障定位判断一样,各信息源推导出的决策往往是片面而不精确的,如何对多源决策信息进行融合是一个关键的问题。

如图 6-1 所示,本章针对数字化生产线故障定位存在的多源证据片面、不精确、难以综合的问题,介绍了基于信度熵(belief entropy)改进的 D-S(Dempster-Shafer)证据理论信息融合技术,以实现多源故障定位信息的有效融合,保证故障定位的准确性和稳定性。6.2 节分析多源数据推导出的故障定位证据的片面性,并将综合多源证据特点形成故障定位判断的问题抽象成以数字化生产线机台为框架的信息融合问题。在此基础上,6.3 节详细介绍多源故障定位信息融合技术框架,以及框架内部相应的技术步骤。6.4 节通过示例验证了技术的有效性。

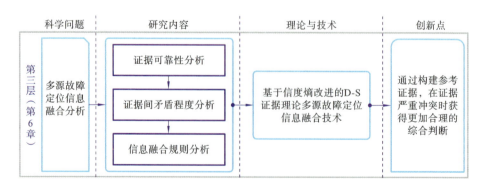

图 6-1 故障定位信息融合技术简述

6.2 多源故障定位信息融合问题分析

在实际应用中,多传感器系统被广泛应用于故障诊断之中,以帮助操作员做出综合判断。然而从多传感器系统获得的信息是异质且不精确的,因此需要通过信息融合技术对信息进行处理以形成综合决策。同理,第 4 章基于过程数据做出的故障定位判断,其理论基础是在数字化生产线上,减少人为干预使组装动作跟机台一一对应,过程数据中的加工参数、加工时间等信息更可能与缺陷有强相关关系;第 5 章基于警报数据做出的故障定位判断,其理论基础是在数字化生产线上,超过预设范围的异常导致的警报会跟缺陷有强相关关系。这两章推导出来的故障定位证据具有不同的理论基础,使用的数据也不能完全反映现实中出现的故障问题,所以都是不精确的,而且出发点不同的推导也会产生矛盾。因此,如何融合两者的证据形成综合判断对于故障定位的精确度有重大影响。

数字化生产线是一个庞大复杂的系统,主要包含负责加工组装的各类机台,负责传递运输的机械臂、传送带,以及负责存储缓存的货架等。实际生产经验表明,大部分缺陷都是在机台部分产生的,机械臂、传送带及货架等设备可靠性很高,而且仅与产品表面有所接触,产生大量缺陷的概率较低。因此可以把故障原因集中到机台上,即以数字化生产线上的机台为问题识别框架,把前两章证据的综合判断转化为问题识别框架下的信息融合问题。

信息融合是结合多源证据信息的关键技术。作为信息融合的重要工具,D-S 证据理论被广泛应用于故障诊断、模式识别、多标准决策、风险分析、控制器设计等领域。但是,如果参与融合的证据存在高度冲突,则可能获得不正确的结果。为了解决这个问题,可以使用如下两种改进技术:① 一种技术是修改传统的组合规则。Yager 通过重新分配相互矛盾的证据来修改传统组合规则,然而这种修改会破坏 D-S 组合规则原来具有的良好性质,如交换性和相关性。另外,把传感器故障导致的错误归咎于组合规则也是不合理的。② 另一种技术是在使用融合技术之前先行修改证据,如墨菲的平均证据技术,但其不考虑证据之间的差异。

6.3 基于信度熵改进的 D-S 证据理论信息融合技术

基于已有 D-S 证据理论的分析和改进,本书认为上述两种改进技术各有优劣,可以各取所长。因此,本节介绍一种基于信度熵改进的 D-S 证据理论信息融合技术,如图 6-2 所示。

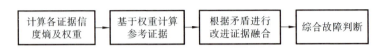

图 6-2　基于信度熵改进的 D-S 证据理论信息融合技术框架

该技术以问题识别框架下的多个证据为输入,输出综合的单一证据和不确定度,以信息融合规则为映射。信息熵[69]能够有效地对信息的不确定度进行度量,即若一个证据的信度熵越小,则相应的可靠度越高。因此,通过计算信度熵,在归一化换算为每个证据的权重时,就能通过加权得到一条参考证据,进而对传统融合规则进行改进,当多条证据之间的矛盾较小时,新融合结果更接近经典 D-S 证据理论;而当多条证据之间的矛盾较大时,新融合结果更接近参考证据。这样既能尽量保持传统融合规则的良好特性,又没对证据进行直接修改,同时实现对矛盾的中和。下面对技术的各个步骤进行详细介绍。

6.3.1　D-S 证据理论及传统融合规则

D-S 证据理论首先由 Dempster 提出,后经 Shafer 发展,其中的基本要素有问题识别框架 $\theta=\{w_1,w_2,\cdots,w_c\}$ 和基本概率分配(basic probability assignment,BPA)函数 $m:2^\theta \to [0,1]$。BPA 函数满足以下条件:

$$m(\varnothing)=0 \text{ 且 } \sum_{A\subseteq\theta}m(A)=1 \qquad (6\text{-}1)$$

其中,A 是 θ 的一个子集,$m(A)$ 表示一个证据对命题 A 的支持程度,每个命题都有对应的 BPA,且问题识别框架外的问题概率为 0,框架内所有问题概率之和为 1。基于此,对于 $\forall A\subseteq\theta, A\neq\varnothing$,多条证据融合规则的定义为

$$m(A)=\frac{1}{K}\sum_{\cap A_j=A}\prod_{i=1}^{n}m_i(A_j) \qquad (6\text{-}2)$$

其中

$$K=\sum_{\cap A_j\neq\varnothing}\prod_{i=1}^{n}m_i(A_j) \qquad (6\text{-}3)$$

为规范化系数,反映了证据之间矛盾的大小。D-S 融合规则可以在无须预先知道先验概率的情况下对不确定和不准确的数据进行建模[70];并且可以有效地融合来自不同传感器数据源的不同证据,获得更准确的综合判断结果。

6.3.2　计算各证据理论及传统融合规则

信度熵能够有效地对信息的不确定性进行度量。假定命题集 A_i 对应的 BPA 函数为 $m(A_i)$，$|A_i|$ 表示集合 A_i 中的元素个数，则集合 A_i 的信度熵定义为

$$E_{di} = -\sum_i m(A_i) \log_2 \frac{m(A_i)}{2^{|A_i|}-1} \qquad (6-4)$$

当集合内仅有单元素集有分配 BPA 函数值时，式(6-4)可简化为

$$E_{di} = -\sum_i m(A_i) \log_2 m(A_i) \qquad (6-5)$$

如果一个证据的信度熵越小，则相应的可靠度也越高，因此在融合过程中占据更大的权重；反之，如果一个证据的信度熵越大，则越不可靠，占据的权重也应该相应较低。

由于信度熵与可靠度呈现反比例关系，所以由信度熵到权重的映射函数应呈现单调递减的性质。同时为了保证多个证据信度熵都较小时权重不会相差过大，而信度熵较大时权重急剧缩小，引入指数函数，将权重函数定义为

$$\omega_i = \frac{e^{-\overline{E}_{di}}}{\sum_{i=1}^{n} e^{-\overline{E}_{di}}} \qquad (6-6)$$

其中：ω_i——证据 m_i 的权重；

$\overline{E}_{di}$——证据 m_i 归一化后的信度熵，其表达式为

$$\overline{E}_{di} = \frac{E_{di}}{\sum_{i=1}^{n} E_{di}} \qquad (6-7)$$

6.3.3　基于权重计算参考证据

根据 6.3.2 小节计算出的各证据的权重，可以加权累加各证据形成参考证据，所以参考证据定义为

$$q(A) = \sum_{i=1}^{n} \omega_i m_i(A) \qquad (6-8)$$

由于可靠证据和不可靠证据根据信度熵分配了不同的权重，不可靠证据的矛盾由于权重较小而减弱，多个证据的整体矛盾得到缓解。但是参考证据经过了权重的修正，其命题间关联强弱的解释性也变弱了，因此不适合在多证据矛盾不强的时候单独使用，为此需要和 D-S 证据融合规则共同使用。

6.3.4 证据信度熵融合及综合故障定位判断生成

6.3.3 小节谈到了参考证据和融合规则组合的问题,一个简单直观的想法就是利用规范化系数 K 作为判断标准,因为 K 反映了证据之间的矛盾程度。所以最终的基于信度熵改进的 D-S 证据融合规则定义为

$$m(A) = K \times p(A) + (1-K) \times q(A) \tag{6-9}$$

其中:

$$p(A) = \frac{1}{K} \sum_{\cap A_j = A} \prod_{i=1}^{n} m_i(A_j) \tag{6-10}$$

显然,$p(A)$ 代表了经典 D-S 证据理论的融合结果,$q(A)$ 代表了参考证据。当 $K \to 1$,即矛盾轻微时,融合结果接近经典 D-S 证据理论的结果;当 $K \to 0$,即矛盾严重时,融合结果接近参考证据的结果。通过使用上述融合规则,两条证据融合得到最终的综合故障机台概率,并将其用于故障机台定位。在最终的融合结果里,对应问题识别框架内 BPA 最大值的机台就是最有可能存在故障的机台。最后给出算法流程如下:

步骤 1 通过式(6-4)或者式(6-5)计算各证据信度熵 E_{di},通过式(6-7)进行归一化。

步骤 2 通过权重函数式(6-6)计算权重 ω_i。

步骤 3 通过式(6-8)计算参考证据 $q(A)$。

步骤 4 使用改进的证据融合规则,即式(6-9)进行信息融合。

6.4 示例验证

为了验证本书介绍的融合算法的性能,本书采用文献[71]中的算例进行分析和比较。设有 3 个目标需要识别,即问题识别框架为 $\theta = \{A, B, C\}$,收集到 5 个证据对问题进行判别,如表 6-1 所示。

表 6-1 示例的 5 个证据

证据	A	B	C
S_1	0.41	0.29	0.30
S_2	0	0.90	0.10
S_3	0.58	0.07	0.35
S_4	0.55	0.10	0.35
S_5	0.60	0.10	0.30

首先,由于证据里面都是单元素集合,通过式(6-5)计算每个证据对应的信度熵,如表 6-2 所示。

表 6-2　各证据对应的信度熵

E_{d1}	E_{d2}	E_{d3}	E_{d4}	E_{d5}
1.5664	0.4690	1.8092	1.8914	1.7710

其次,用式(6-7)进行归一化处理,如表 6-3 所示。

表 6-3　归一化后的信度熵

$\bar{E}_{d1}$	$\bar{E}_{d2}$	$\bar{E}_{d3}$	$\bar{E}_{d4}$	$\bar{E}_{d5}$
0.2087	0.0625	0.2410	0.2520	0.2359

再次,用式(6-6)计算权重 ω_i,如表 6-4 所示。

表 6-4　各证据数量下的权重

权重	m_1, m_2	m_1, m_2, m_3	m_1, m_2, m_3, m_4	m_1, m_2, m_3, m_4, m_5
ω_1	0.4635	0.3199	0.2449	0.1978
ω_2	0.5365	0.3703	0.2834	0.2289
ω_3	—	0.3098	0.2371	0.1915
ω_4	—	—	0.2345	0.1894
ω_5	—	—	—	0.1925

然后,根据式(6-8)算出参考证据,如表 6-5 所示。

表 6-5　各证据数量下计算出的参考证据

	m_1, m_2	m_1, m_2, m_3	m_1, m_2, m_3, m_4	m_1, m_2, m_3, m_4, m_5
	$q(A)=0.1900$	$q(A)=0.3108$	$q(A)=0.3669$	$q(A)=0.4118$
q	$q(B)=0.6172$	$q(B)=0.4477$	$q(B)=0.3662$	$q(B)=0.3150$
	$q(C)=0.1927$	$q(C)=0.2414$	$q(C)=0.2669$	$q(C)=0.2733$

最后,通过改进的证据融合规则,即式(6-9)进行信息融合,同时使用四种广泛应用的融合规则计算融合结果并进行对比。具体的融合结果以及仿真对比如表 6-6、图 6-3 和图 6-4 所示。

表 6-6　各技术融合结果对比

融合规则	m_1, m_2	m_1, m_2, m_3	m_1, m_2, m_3, m_4	m_1, m_2, m_3, m_4, m_5
Dempster	$q(A)=0$ $q(B)=0.8969$ $q(C)=0.1031$	$q(A)=0$ $q(B)=0.6575$ $q(C)=0.3425$	$q(A)=0$ $q(B)=0.3321$ $q(C)=0.6679$	$q(A)=0$ $q(B)=0.1422$ $q(C)=0.8575$
Murphy	$q(A)=0.0967$ $q(B)=0.8819$ $q(C)=0.0917$	$q(A)=0.4619$ $q(B)=0.4497$ $q(C)=0.0794$	$q(A)=0.8362$ $q(B)=0.1147$ $q(C)=0.0410$	$q(A)=0.9620$ $q(B)=0.0210$ $q(C)=0.0138$
Deng	$q(A)=0.0964$ $q(B)=0.8119$ $q(C)=0.0917$	$q(A)=0.4974$ $q(B)=0.4054$ $q(C)=0.0888$	$q(A)=0.9089$ $q(B)=0.0444$ $q(C)=0.0379$	$q(A)=0.9820$ $q(B)=0.0039$ $q(C)=0.0107$
Han	$q(A)=0.0964$ $q(B)=0.8119$ $q(C)=0.0917$	$q(A)=0.5681$ $q(B)=0.3119$ $q(C)=0.0929$	$q(A)=0.9596$ $q(B)=0.0032$ $q(C)=0.0267$	$q(A)=0.9886$ $q(B)=0.0002$ $q(C)=0.0072$
本书	$q(A)=0.0964$ $q(B)=0.8119$ $q(C)=0.0917$	$q(A)=0.7235$ $q(B)=0.2848$ $q(C)=0.1025$	$q(A)=0.9321$ $q(B)=0.0134$ $q(C)=0.0287$	$q(A)=0.9896$ $q(B)=0.0010$ $q(C)=0.0073$

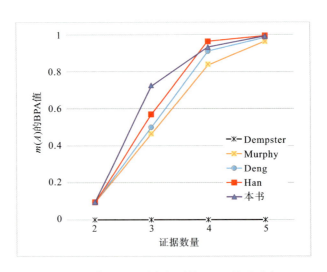

图 6-3　基于不同融合规则的 $m(A)$ 结果对比

从仿真表 6-2 可以看出，由于证据 S_2 不可靠，本书介绍的基于信度熵改进

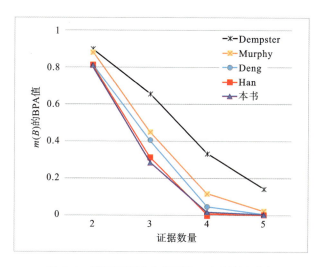

图 6-4　基于不同融合规则的 $m(B)$ 结果对比

的 D-S 证据理论信息融合技术分配给目标 B 的置信度是最低的。同时,当有 3 个证据源时,Dempster 规则、Deng 规则以及 Murphy 规则并不能提供足够肯定的决策,因为这 3 种规则给目标 A 分配的置信度都小于 0.5,而本书介绍的技术计算出的置信度为 0.7235,已超过绝大多数阈值。当所有 5 个证据都使用本书介绍的技术进行融合时,其置信度达到甚至超过了其他技术的对于目标 A 的置信度。由此可见,本书介绍的基于信度熵改进 D-S 证据理论信息融合技术能够正确进行数据融合,在处理数据冲突和不确定性方面更加优秀。

第 7 章
基于工业大数据的数字化生产线故障定位技术示范案例

7.1 系统概述

Y公司是一家显示材料制造公司,生产包含多种玻璃基板厚度、不同尺寸范围的近60种彩色滤光片产品,每月生产数万片彩色滤光片成品。然而,机台故障导致的彩色滤光片污染、破片事件时有发生,能否快速定位故障机台、解决机台故障、减少缺陷产品的进一步产生对其制造生产活动有着巨大的影响。然而其采用的传统质量分析流程在进一步质量提升上存在瓶颈。

(1) 数字化生产导致的数据爆炸,复杂工艺及流程带来的样本维度不一,以及外部干扰导致的数据噪声大、异常警报多等问题,给人工分析带来了巨大困难。

(2) 在复杂的实际业务情景下,技术人员经验的差异性,部门间信息的不对称性,导致了不同的故障分析标准及流程。

(3) 由于无法实时检测机台的运行状态,判断故障积累水平,传统的质量追溯流程要在彩色滤光片出现缺陷的时候才发起,这拉长了平均故障修复周期,增加了生产线不稳定运行的风险。

因此,技术人员急需应用大数据分析技术、人工智能算法,建立面向多维、多源异构大数据的采集、预处理、分析、可视化系统,使大数据技术有机融合传统产品质量分析技术,全面提升产品质量。

本章在第3至6章的基础上,基于企业现有的数据平台以及数据采集与存储技术,并充分考虑海量数据处理分析以及可拓展性的需求,以大数据的采集、存储、清洗聚类、分析、可视化为主线,开发彩色滤光片生产线故障定位原型系统,为企业生产的分析与决策提供解决方案。

7.2 构建故障定位大数据分析模型

大数据模型与传统的数据模型主要有三点不同：关注全体样本而不是抽样样本，关注计算效率而不是绝对精确度，关注相关性而不是因果性[72]。针对企业生产线具体的故障定位需求，首先要构筑完整精确的业务流程。

如图7-1所示，新的业务流程的第一层首先从故障定位的全生命周期出发，从缺陷的发现、缺陷的分类、故障机台的定位、机台故障问题的分析等方面着手制定和实施解决方案，最后通过分析历史解决方案，对各环节的标准进行优化，持续提升产品质量。第二层从企业各部门的职责分工出发，确定各部门每一个流程需要完成的任务，以及流程之间需要传递的数据和信息。基于第一层和第二层的信息，把本书关注的故障定位流程的部分放到彩色滤光片质量追溯原型系统上，形成产品品质诊断、缺陷自动分类、异常机台定位共三个主要功能模块，通过采集缺陷样本数据、设备警报信息及提交的历史缺陷信息、历史解决方案，基于本书介绍的故障定位技术计算，输出故障机台的候选列表，帮助企业各部门加速故障定位流程，减少故障损失，提升企业效益。

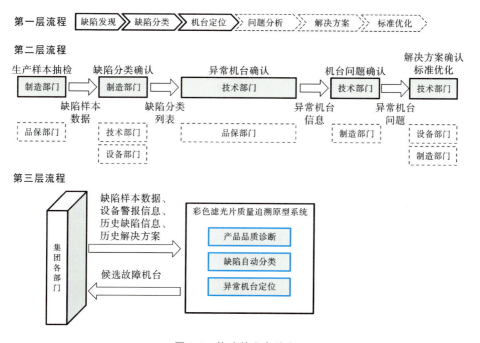

图 7-1　构建的业务流程

构建完成新的业务流程后,由于彩色滤光片数字化生产线上大量的机台产生了海量的数据,对业务流程的各个节点都提出了更高的要求,传统的"高性能服务器+关系型数据库集群"的数据存储和处理方式不再适用[73],为此需要将新的业务流程和大数据处理流程相结合,如表 7-1 所示。

表 7-1 质量业务流程与大数据业务流程的结合

大数据业务	质量业务		
	缺陷发现	缺陷分类	机台定位
采集	计数型缺陷		过程数据、机台警报、彩色滤光片计数型缺陷评价分类标签
存储	彩色滤光片 GLASS_ID、所在生产线 EQP_ID、检测出的缺陷信息	对应生产线检测出的缺陷信息(缺陷类别、缺陷数量、缺陷大小、影响级别)	滤光片的加工参数、工序加工时间、警报信息、警报等级、彩色滤光片缺陷标签
清洗、聚类		缺陷类别归类	缺陷标签编码、加工参数缺少值清洗、Z 标准化、数据降维
分析、信息融合		影响大小赋予权重、缺陷大类分别计分	问题识别框架、过程数据和机台警报推导出的可疑故障机台概率
显示		彩色滤光片计数型缺陷评价分类标签	影响显著加工参数列表、综合可疑故障机台概率

7.3 生产线故障定位算法求解与验证

根据 7.2 节确定好的业务流程,用本书介绍的技术代入各节点的输入,验证技术步骤的可行性和结果的可靠性。实验过程运行平台的硬件配置为 CPU:i7-9700K;GPU:GTX 2080Ti;内存:32 GB。

7.3.1 数据准备

1. 数据的获取

在 3.3 节中提到,整个彩色滤光片的制造过程十分冗长,如图 3-6 和图 3-7 所示,经历了拆包、黑色矩阵、修补 1、红色、蓝色、绿色、修补 2、ITO、PS、修补 3、检查、捆包共12个主要工序,一片彩色滤光片可能会经历多次修补和重加工。

为了减少流程繁复导致的数据缺失和混乱,更直观地验证模型,选择蓝色光阻层工艺的其中一条生产线 BL1 作为故障定位技术的实验范围,其工艺流程如图 7-2 所示,包含紫外线照射机(DUV)、洗净机(CLN)、热盘脱水机(DHC)、光阻涂布机(COA)、预烘烤机(PHC)、曝光机(EXP)、显影机(DEV)、光学检查机(AOI)、巨观检查机(SMA)、烘烤机(OVN)共 10 个机台。实验样本选取该生产线一个月内加工的共计 30895 片彩色滤光片,采集每片彩色滤光片的工艺参数、加工时间、加工环境、缺陷判断等信息,以及 10 个机台在同一时间段内产生的 34295 个机台警报信息。

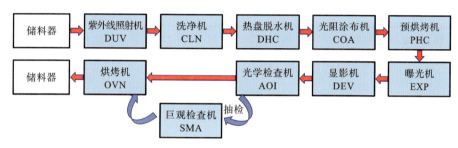

图 7-2 BL1 生产线工艺流程

2. 缺陷类型评价分类

彩色滤光片由大量像素点构成,在生产过程中容易产生像素坏点,这些坏点都会成为最终成品的质量缺陷。目前,生产企业主要通过彩膜 AOI 检查技术结合分区检测技术,针对不同的工艺、不同的矩阵图形,分区比较,根据各分区基本灰阶设定的阈值对彩色滤光片缺陷进行数字化检测,其检出的缺陷类型和缺陷大小见表 7-2。

表 7-2 彩色滤光片缺陷类型与大小

缺陷类型	缺陷大小
RB(reflection black,反射黑)	S(small,较小)
RW(reflection white,反射白)	M(middle,中等)
TB(transmission black,透射黑)	L(large,较大)
TW(transmission white,透射白)	OL(over large,超大)

由于单片彩色滤光片在生产加工过程中往往会产生多处不同类型、不同面积大小的缺陷,难以定义唯一的缺陷标签,因此本书介绍了基于缺陷类型和面积

权重评分的主缺陷类型评价分类技术。在实际生产中,基于中等及以下缺陷占比巨大(80%以上)但对质量影响不大的情况,将 S 和 M 的缺陷记为 1 分和 2 分。L 和 OL 的缺陷一旦出现就很有可能需要对彩色滤光片进行激光修补或者重加工,其影响程度明显高出一个数量级,因此分别记为 10 分和 20 分。

表 7-3 列出了某彩色滤光片上所包含的所有缺陷。从技术人员的角度来分析,很容易得出 RB 缺陷影响最大,TB 次之,TW 可以忽略,故 RB 是该彩色滤光片的主要缺陷。同理根据缺陷评价分类技术,4 种缺陷 RB、RW、TB、TW 对应的评分分别为 25、0、4、10,彩色滤光片的缺陷应标记为最高分的 RB,与技术人员的经验判断相同。

表 7-3 单片彩色滤光片缺陷举例

序号	缺陷类型	缺陷大小	序号	缺陷类型	缺陷大小
1	RB	S	5	TB	S
2	RB	M	6	TB	S
3	RB	M	7	TB	M
4	RB	OL	8	TW	L

对于实验样本中的每一片彩色滤光片,查询光学检查机检测出的 RB、RW、TB、TW 共 4 类缺陷信息,根据 S、M、L、OL 分别计 1、2、10、20 分的计分规则对每一类缺陷进行计分,取得分最大的作为该彩色滤光片的缺陷评价结果。处理后的彩色滤光片标签如图 7-3 所示。

GLASS_ID	PPID	Label
7X03P216180UVZFE	086	Other
7X03P216230UVZFE	086	RB
7X03P201520UVZFE	086	TB
7X03P203980UVZFE	086	RB
7X03P207210UVZFE	086	RB
7X03P201410UVZFE	086	RB
7X03P201560UVZFE	086	RW
7X03P201470UVZFE	086	RB
7X03P201590UVZFE	086	RB
7X03P202420UVZFE	086	TB
7X03P202900UVZFE	086	RB
7X03P202630UVZFE	086	RW

图 7-3 彩色滤光片评价分类结果(部分)

7.3.2 基于变异二进制粒子群优化的 Xgboost 过程数据分析技术实验

过程数据经过数据聚合和数据预处理后,每一行数据对应一片彩色滤光片,共有 30895 行,每一列对应一个过程数据特征,共有 215 个特征,特征的值经过 Z 标准化后处理为[0,1]内的自然分布。

首先根据 4.3 节内容对相关参数的要求,设定维度至少包含 215 个特征用于特征筛选,并对 Xgboost 的最大深度(max_depth)、最小叶子值(min_weight)、gamma、样本采样率(subsample)和特征采样率(colsample_bytree)进行调节,故随机生成 30 个 220 维的粒子,如表 7-4 所示,粒子前 215 维是随机 0 或者 1 的二元数,216 维的最大深度随机取[3,12]范围内的整数,217 维的最小叶子值随机取[1,6]范围内的整数,218 维的 gamma 随机取{0,0.1,0.2,0.3,0.4,0.5}范围内的任意一个,219 维和 220 维的样本采样率和特征采样率随机取[0.5,1]范围内的任意小数。

表 7-4 在设定范围内随机生成的粒子

维数	1	2	…	215	216	217	218	219	220
范围	0 或 1	0 或 1	…	0 或 1	[3,12]整数	[1,6]整数	{0,0.1,0.2,0.3,0.4,0.5}	[0.5,1]小数	[0.5,1]小数
粒子 1	0	1	…	0	3	5	0	0.62	1
粒子 2	1	0	…	1	6	4	0.2	0.99	0.5
⋮									

对于每一个粒子,选择对应前 215 维为 1 的特征,后 5 维作为 Xgboost 的参数,同时设定计算模型的分类准确率,以分类准确率作为粒子的适应度,更新粒子的速度和位置,然后不断迭代直到算法停止。本书在{0,0.1,0.2,0.3,0.4,0.5}的单点变异率范围以及{0,0.1,0.2,0.3,0.4,0.5}的交叉变异率范围内选择最优参数,形成了 36 种实验方案并进行训练,并将分类准确率按照降序排列,得到排名前 10 的结果(见表 7-5)。

通过图 7-4 可知,在单点变异率为 0.1,交叉变异率为 0.2 时,模型的分类准确率达到最高,此时全局最优粒子使用了原来 215 个特征中的 149 个,最大深度为 12,最小叶子值为 5,gamma 为 0.1,样本采样率和特征采样率均为 0.8,由此即通过 Xgboost 建立了过程数据与彩色滤光片缺陷的最优关联模型。

表 7-5 不同变异参数分类准确率(排名前 10)

序号	单点变异率	交叉变异率	分类准确率/(%)
1	0.1	0.2	82.34
2	0	0.2	82.16
3	0.1	0.3	81.90
4	0.4	0	81.75
5	0.2	0.2	81.73
6	0.2	0.1	81.59
7	0.1	0.1	81.55
8	0	0.1	81.51
9	0	0.3	81.47
10	0	0.4	81.46
⋮	0	0	80.48

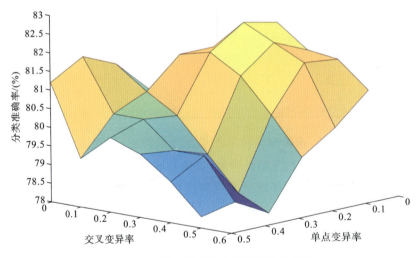

图 7-4 不同变异参数分类准确率分布图

关联模型由一系列梯度提升决策树组成,训练后的决策树如图 7-5 所示。对于每一个测试样本,从每一棵决策树的根节点开始,根据节点判断条件来选择是走向左子节点还是走向右子节点,直到走到叶子节点,每一棵决策树获得

第 7 章 基于工业大数据的数字化生产线故障定位技术示范案例

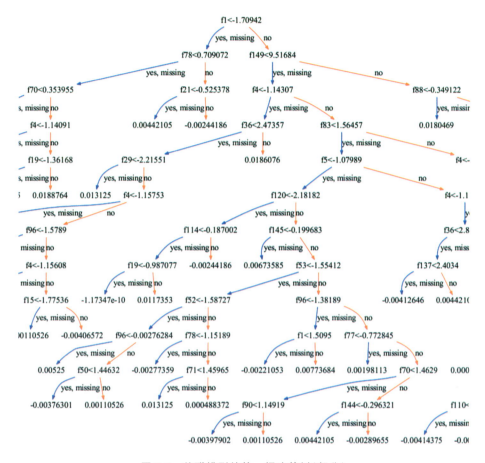

图 7-5 关联模型的第一棵决策树(部分)

的叶子节点值之和为预测的类别,从而实现了基于彩色滤光片过程数据的缺陷预测。统计每个特征在一系列决策树中作为分裂节点出现的次数,得到每个特征对彩色滤光片缺陷的贡献度(见图 7-6),可以看出特征 f4 的贡献度最高,f51 次之,紧接着是旗鼓相当的 f21、f22 和 f18。对生产线上每一个机台所属特征的贡献度求和,归一化处理后可得到各个机台的可疑故障机台概率。

如表 7-6 所示,数据显示曝光机(EXP)最有可能是故障机台,概率达到了 58.8%,这符合生产经验,因为曝光机曝光的均匀程度、曝光的时间长短,对于去除光敏性结构材料与形成蓝色光阻层有至关重要的影响,其过程数据与彩色滤光片缺陷关联最大也是合乎逻辑的。其次是洗净机(CLN),洗净机洗净参数的好坏以及洗净液和洗净环境是否受到污染,都会影响彩色滤光片的质量,其

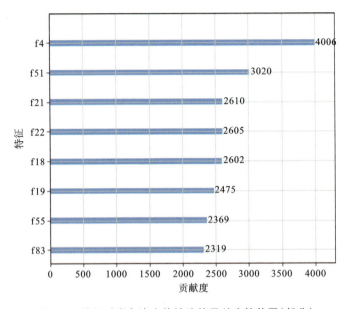

图 7-6　特征对彩色滤光片缺陷的贡献度柱状图（部分）

表 7-6　过程数据显示的可疑故障机台概率

序号	机台	概率	序号	机台	概率
1	EXP	0.587510	6	COA	0.025744
2	CLN	0.178300	7	DHC	0.015813
3	DEV	0.015813	8	DUV	0.012355
4	AOI	0.084356	9	PHC	0.001022
5	OVN	0.078390	10	SMA	0.000698

过程数据与缺陷有较大关联也是合理的。曝光机和洗净机有可能是故障机台的概率加起来达到了 76.6%，意味着如果彩色滤光片突然出现大量缺陷，则极有可能是这两个机台存在一个或多个问题。

7.3.3　基于概率相关性层次聚类的警报数据故障定位技术实验

在现实生产过程中，某些机台故障常常会导致一段时间内某类彩色滤光片出现大量缺陷，伴随着相同时间内多个类型相近的警报产生。例如，机台冷却水泄漏导致的彩色滤光片大面积圆形水渍污染，会导致一段时间内彩色滤光片大量检测出 RB 类型缺陷，同时故障机台会经常发出与冷却相关的冷却水流量异常警报 100023A0,以及系统工作温度异常警报 100023B5 等,因此警报的大量发生往往跟大规模产品缺陷的发生有所关联。下面我们对一个月内 252 类共 34295 次警报,采用基于概率相关性层次聚类的警报数据故障定位技术进行实验。

首先,通过数据预处理对时间字段和警报类型进行转化。例如,原时间"03-11 月-17 02.53.10.000000 上午"应转化为"564893590"秒。原警报类型代码是 8 位的十六进制数,由于代码编写需要保留余量,目前只使用了第 1 位和后 4 位数,而且有意义的警报类型代码相对稀疏,故需要省略未使用的部分使得警报类型间隔不会过大以保证聚类的有效性。同时因为十六进制数不方便进行欧氏几何距离的计算,故需转化为十进制数。

其次,通过多次实验调整参数,确定最佳模型参数,如表 7-7 所示。以最佳模型参数对力导向图进行层次聚类(见图 7-7),得到每一个警报对应的警报类团标签。每一个类团对应一个问题子集,类团内各个机台发生的警报类型数量反映了其在这个问题子集中的重要性,从而间接反映了警报来源机台存在问题的概率。取警报级别"L(低)"计 1 分,"H(高)"计 2 分,在每一个警报类团中对 10 个机台(AOI、CLN、COA、DEV、DHC、DUV、EXP、OVN、PHC、SMA)分别计分。对于每一个警报类团,以评分除以总分得到每一个警报类团的可疑故障机台概率。由于我们更希望关注持续时间长、跨越多个类团的问题,故以警报类团内的警报类型数量的自然对数作为类团权重,以削减短时间随机波动问题造成的干扰。

表 7-7 警报数据集的最佳模型参数

预处理		基于力导向图的聚类			聚类
标准差 SD	离散间隔 r	吸引力系数 k_a	排斥力系数 k_r	重力系数 k_g	类团最小值 Min
10 min	1 min	1.8	2.0	1.5	5

最终根据机台警报推导出可疑故障机台概率,如表 7-8 所示。由概率数据可见,光学检查机(AOI)、光阻涂布机(COA)为故障机台的概率较大,分别为 33.1% 和 31.8%。光学检查机主要用于检测彩色滤光片的微观缺陷,发出警报经常是因为检测到了大量影响等级小的缺陷或者是出现了影响等级大的缺陷,这些缺陷可能是因加工工艺产生的,证明缺陷发生在检测之前;发出警报也可能是摄像头受到污染导致的误报警。这两者都是光学检查机警报与缺陷相关

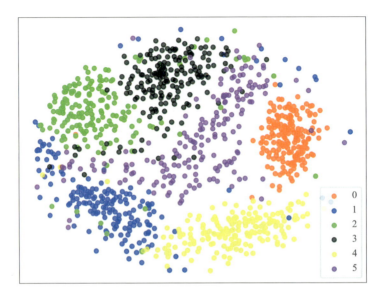

图 7-7　力导向图层次聚类结果

联的原因。对于光阻涂布机而言,其涂布到彩色滤光片上涂层的角度、位置、均匀程度都可能影响整个工艺的生产质量,当出现涂布错误时,光阻涂布机就会产生很多相关联的警报,这是其警报与缺陷关联的主要原因。

表 7-8　机台警报的可疑故障机台概率

序号	机台	概率	序号	机台	概率
1	AOI	0.330857	6	DEV	0.037647
2	COA	0.317637	7	OVN	0.009189
3	DUV	0.171331	8	PHC	0.008302
4	EXP	0.079313	9	CLN	0.005408
5	DHC	0.037647	10	SMA	0.002667

7.3.4　基于信度熵改进的 D-S 证据理论信息融合技术实验

BL1 生产线上的 10 个机台作为 D-S 信息理论的问题识别框架,即

$$\theta = \{AOI, CLN, COA, DEV, DHC, DUV, EXP, OVN, PHC, SMA\}$$

根据过程数据和机台警报得到的可疑故障机台概率,使用改进的 D-S 证据理论

进行信息融合,中和证据中矛盾的部分,得出可疑故障机台的综合概率。由表7-9和图7-8可以看出,过程数据分析结果认为问题主要集中在 EXP 和 CLN 上,机台警报分析结果认为问题主要集中在 AOI 和 COA 上,通过信息融合得到了一个综合的判断意见,确定了 EXP、AOI、COA 的排查顺序,并给出了近 8% 的不确定性以供参考。同时,信息融合可以方便地进行模型扩充,引入新的证据进行综合判断,具有强大的扩展能力。结合实际应用情况,信息融合还可以针对各个证据引入不同的权重,如加大过程数据证据的权重,因为过程数据证据命中故障机台的概率较大,使得综合判断更加准确可靠。

表 7-9 疑似故障机台的综合概率

序号	机台	概率	序号	机台	概率
1	AOI	0.200704	7	EXP	0.324101
2	CLN	0.077416	8	OVN	0.037167
3	COA	0.151078	9	PHC	0.003889
4	DEV	0.022843	10	SMA	0.001402
5	DHC	0.022843	11	不确定性	0.079998
6	DUV	0.078559			

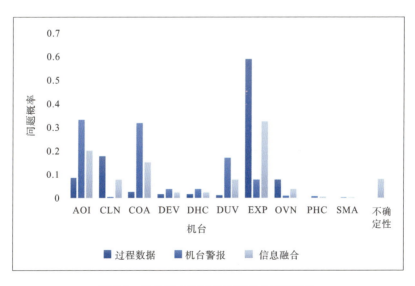

图 7-8 信息融合前后的故障机台概率对比

7.3.5　实验结果与应用分析

由实验结果可知,本书介绍的数据驱动的彩色滤光片生产线故障定位技术能对数万片彩色滤光片、数百个特征样本进行分析,得出疑似故障机台的综合概率,所得数据的流程标准统一,且所得数据符合按技术人员经验规律得出的结果。

彩色滤光片故障定位算法能通过过程数据和警报数据自动计算出故障概率,其理想的应用方式是以等时间间隔的方式(每天一次、每星期一次等)采集和聚合数据,计算综合故障机台概率,查看每个机台历史故障概率的变化。如果有异常的概率上升,则证明有新的故障问题出现;如果概率下降之后保持平稳,证明旧故障问题得到解决。通过长时间的实际应用,就能获取很多机台故障修复与机台故障概率变化相关联的案例。通过总结分析这些案例,归纳出故障概率变化的分析标准,就能加速故障定位流程,为故障解决和生产线标准优化提供更多数据支持。

7.4　原型系统设计

7.4.1　系统开发工具

彩色滤光片生产线故障定位原型系统分为两个部分:大数据分析平台和可视化平台。大数据分析平台采用 PyCharm 作为开发工具,企业采集的过程数据和警报信息存储在分布式存储系统(HDFS)上。原型系统通过 Hadoop 的 Hive 调用相关服务器集群进行数据聚合、清洗等预处理工作,把处理好的数据样本通过 PyMySQL 存储在数据仓库 MySQL 上。可视化平台采用 Visual Studio 2015 作为开发工具,通过 asp.net 搭建可视化的浏览器/服务器架构,通过 HTTP 请求的形式调用分析服务器上编写好的故障定位算法,提取 MySQL 上的数据进行分析,返回可疑故障机台的候选列表。原型系统的主要开发工具如表 7-10 所示。

表 7-10　原型系统的主要开发工具

工具	介绍
Hadoop	Hadoop 是一个开源的大数据系统工具解决方案集合。它使用 MapReduce 编程模型为分布式存储和处理大数据提供了一个软件框架。具有高可靠性、高可扩展性、高容错性、高效性、低成本特性

续表

工具	介绍
PyCharm	PyCharm 是一种 Python IDE,通过调用各类 Python 工具包,可以快捷地进行数据处理和算法构建
Visual Studio	Visual Studio(简称 VS)是 Microsoft 的集成开发环境,常用于开发计算机程序、网站、Web 应用服务和移动程序等。其包含的 Asp.net 架构是优秀的服务器/浏览器集成架构,用于本书原型系统的可视化平台开发
MySQL	MySQL 是一个轻量级关系型数据库管理系统,具有体积小、快速稳定、开源的特点,特别适合用于中小型系统的开发,可作为本书原型系统的数据仓库

7.4.2 系统架构设计

图 7-9 为本书设计的彩色滤光片生产线故障定位原型系统框架,主要分为数据来源、数据集成、数据分析与数据应用四个层次。系统框架遵循 B/S(浏览器/服务器)体系结构,其中数据来源、数据集成与数据分析属于服务器端,数据应用属于浏览器端。

数据来源于彩色滤光片现有数字化生产车间的数据平台。例如,上海某彩色滤光片生产公司已实现彩色滤光片的全自动化生产,通过 ERP、MES 规划生产计划和材料供应,通过 SPC 和 PDM 系统实现生产规划的高效运行,通过 BC 系统对生产线进行区块划分和数据采集。这些系统都是主要的数据来源。

数据集成层通过采集协议采集数据来源层存储的信息。这些未经过清洗、非结构化的原始数据存储于 HDFS 的各个数据节点中。利用 HiveQL 从各数据节点中提取任务所需的原始数据,进行数据清洗和聚合,形成结构化的样本数据存储到 MySQL 的数据仓库中。

数据分析层利用 PyMySQL 连接 MySQL 数据库,获取样本数据,用于训练算法模型,并将模型参数和计算结果存储到 MySQL,在浏览器层等待用户的调用。

数据应用层将从服务器端读取的可疑故障机台候选列表可视化,反馈给用户,并通过 API 的形式继承于现有的 MES 中,实现多样的用户交互。

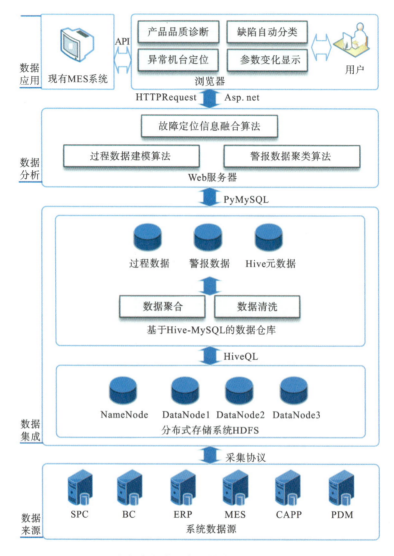

图 7-9 彩色滤光片生产线故障定位原型系统框架

7.4.3 功能设计

彩色滤光片生产线故障定位原型系统的主要功能是帮助操作员加速故障定位流程,其主要功能如下:

(1) 产品品质诊断。

负责上传和管理彩色滤光片的缺陷检测信息。

第 7 章
基于工业大数据的数字化生产线故障定位技术示范案例

(2) 缺陷自动分类。

搜索已有的彩色滤光片检测信息,针对含有多类型缺陷的彩色滤光片,使用基于缺陷类型和面积权重评分的主类型评价分类技术确定主缺陷类型,同时负责上传和管理彩色滤光片缺陷类型样本。

(3) 异常机台定位。

通过服务器调用所选时间段的数据,进行故障定位技术模型的训练,输出可疑故障机台的候选列表,为操作员快速进行故障定位提供决策支持。

7.4.4 系统软硬件环境

原型系统开发软件环境如表 7-11 所示,主要分为大数据分析平台和可视化平台两个部分。其中:大数据分析平台的服务器系统为 Liunx,集成开发环境(IDE)为 PyCharm,平台架构采用了 Hadoop 分布式存储;可视化平台的服务器系统为 Windows,集成开发环境(IDE)为 Visual Studio 2015。

表 7-11 原型系统开发软件环境

软件环境	版本信息
大数据分析平台服务器系统	Ubuntu 14.04
可视化平台服务器系统	Windows Server 2008 R2
大数据分析平台 IDE	PyCharm
可视化平台 IDE	Visual Studio 2015
大数据运算软件	Hadoop 2.7.5
数据仓库	MySQL 5.7

原型系统开发硬件环境如表 7-12 所示,大数据分析平台采用了三台 Linux 服务器构建分布式集群,选择其中一台服务器为主节点(namenode),其他两台服务器为从节点(datanode)。可视化平台部署在一台 Windows 服务器上。

表 7-12 原型系统开发硬件环境

设备	设备型号
Hadoop 主服务器	IBM X3650M5
Hadoop 从服务器 1	ThinkSever RD540
Hadoop 从服务器 2	ThinkSever RD540
可视化平台服务器	华硕 N46

7.5 原型系统界面

7.5.1 主界面

上海仪电彩色滤光片质量追溯大数据分析原型系统的主界面如图 7-10 所示。左侧可收缩的系统菜单栏显示系统的各个模块：产品品质诊断、缺陷自动分类、异常机台定位等。

图 7-10　主界面

7.5.2 产品品质诊断界面

如图 7-11 所示，产品品质诊断界面用于上传和管理彩色滤光片的缺陷检测信息。

7.5.3 缺陷自动分类界面

如图 7-12 所示，针对含有多类型缺陷的彩色滤光片，使用缺陷计分评价分类方式确定主缺陷类型，给用户显示反馈结果。

第 7 章 基于工业大数据的数字化生产线故障定位技术示范案例

图 7-11 产品品质诊断界面

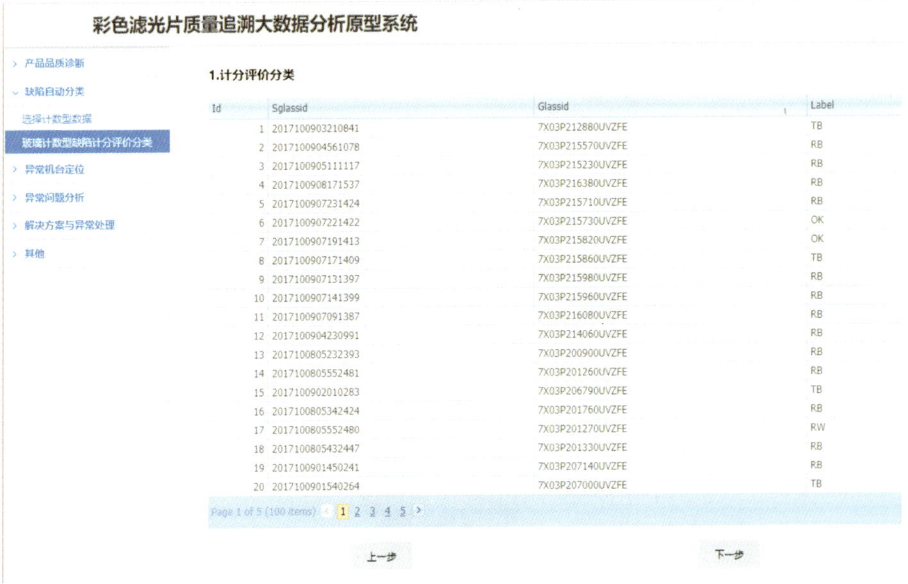

图 7-12 缺陷计分评价分类

7.5.4 异常机台定位界面

首先通过上传过程数据和警报数据,确定问题识别框架(见图 7-13);然后通过过程数据分析推导出特征重要度,由特征重要度反推可疑故障机台概率(见图 7-14);同时,通过警报数据进行聚类,找出各类团主要警报类型的来源,

· 117 ·

图 7-13　问题识别框架界面

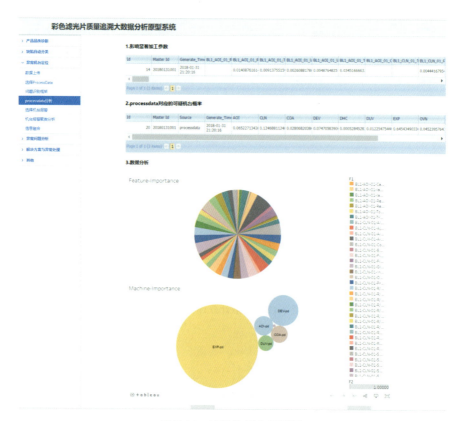

图 7-14　过程数据分析界面

反推可疑故障机台(见图 7-15);最后通过信息融合中和两者矛盾,获得综合可疑故障机台候选列表(见图 7-16)。

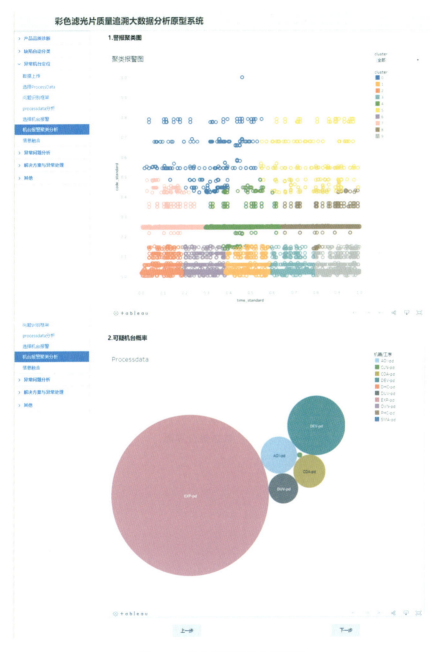

图 7-15 机台报警聚类分析界面

图 7-16 信息融合界面

参 考 文 献

[1] 陈涛. 数字对象体系架构(DOA)及其金融科技应用启示研究[J]. 金融电子化, 2020(10):74-76.

[2] 吴江龙,付思敏,蒋大为. 基于Handle的工程机械供应链标识解析技术设计与应用[J]. 中国工业和信息化, 2018(8):56-62.

[3] 梅兵. 探究统计数据生态圈建设[J]. 现代信息科技, 2018, 2(1):174-175, 177.

[4] 李晓华,王怡帆. 数据价值链与价值创造机制研究[J]. 经济纵横, 2020(11):54-62, 2.

[5] 李海舰,赵丽. 数据成为生产要素:特征、机制与价值形态演进[J]. 上海经济研究, 2021(8):48-59.

[6] 刘欣,李向东,耿立校,等. 工业互联网环境下的工业大数据采集与应用[J]. 物联网技术, 2021, 11(8):62-65, 71.

[7] 王宏志,梁志宇,李建中,等. 工业大数据分析综述:模型与算法[J]. 大数据, 2018, 4(5):62-79.

[8] 葛龙,潘泽铎,钟炜. 数据中台视角下智慧城市数据汇聚平台建设研究[J]. 智能建筑与智慧城市, 2022(6):9-11.

[9] 何静飞,张潇月,周亚同. 基于稀疏表示的无线传感器网络数据汇聚研究进展[J]. 河北工业大学学报, 2021, 50(2):9-18.

[10] 何芬,章磊,李鸿赟. 微服务架构下数据汇聚系统的设计与实现[J]. 中国安全防范技术与应用, 2020(6):60-64.

[11] 吴辰晨. 大规模数据获取系统下的数据汇聚关键技术研究[D]. 合肥:中国科学技术大学, 2019.

[12] 芮正玉,张本宏,张建军,等. 一种用于工业无线传感器网络的数据汇聚机制[J]. 合肥工业大学学报(自然科学版), 2018, 41(4):473-479.

[13] 张泉灵,洪艳萍. 智能工厂综述[J]. 自动化仪表, 2018, 39(8):1-5.

[14] 万志远,戈鹏,张晓林,等. 智能制造背景下装备制造业产业升级研究[J]. 世界科技研究与发展,2018,40(3):316-327.

[15] 郭朝先."互联网＋工业":全球态势与中国发展之路[J]. 经济研究参考,2018(44):3-9.

[16] VENKATASUBRAMANIAN V, RENGASWAMY R,KAVURI S N,et al. A review of process fault detection and diagnosis Part Ⅲ: Process history based methods[J]. Computers & Chemical Engineering, 2003, 27(3):327-346.

[17] HUANG H Z, TONG X, ZUO M J. Posbist fault tree analysis of coherent systems[J]. Reliability Engineering & System Safety, 2004, 84(2):141-148.

[18] KABIR S. An overview of fault tree analysis and its application in model based dependability analysis[J]. Expert Systems with Applications, 2017, 77:114-135.

[19] HU J Q, ZHANG L B, CAI Z S, et al. Fault propagation behavior study and root cause reasoning with dynamic Bayesian network based framework[J]. Process Safety and Environmental Protection, 2015, 97:25-36.

[20] YUAN X F, HUANG B, WANG Y L, et al. Deep learning-based feature representation and its application for soft sensor modeling with variable-wise weighted SAE[J]. IEEE Transactions on Industrial Informatics, 2018, 14(7):3235-3243.

[21] 侯仁政,张岩,张小易,等. 基于多源数据融合的电力系统故障诊断与评估平台开发[J]. 机电工程,2017,34(10):1173-1179.

[22] 赵广社,吴思思,荣海军. 多源统计数据驱动的航空发动机剩余寿命预测方法[J]. 西安交通大学学报,2017,51(11):150-155,172.

[23] LEVCHUK G, JACKOBSEN M, RIORDAN B. Detecting misinformation and knowledge conflicts in relational data[C]// Signal Processing, Sensor/Information Fusion, and Target Recognition XXIII. International Society for Optics and Photonics, Baltimore, USA, 2014.

[24] TMAZIRTE N A, NAJJAR M E E, HAGE J A, et al. Fast multi fault detection & exclusion approach for GNSS integrity monitoring[C]// International Conference on Information Fusion. Salamanca, Spain: IEEE,

2014.

[25] CHEN A, HONG A. Sample-efficient regression trees (SERT) for semiconductor yield loss analysis[J]. IEEE Transactions on Semiconductor Manufacturing, 2010, 23(3):358-369.

[26] HSU C Y, CHIEN C F, LIN K Y, et al. Data mining for yield enhancement in TFT-LCD manufacturing: an empirical study[J]. Journal of the Chinese Institute of Industrial Engineers, 2010, 27(2):140-156.

[27] ING C K, LAI T L. A stepwise regression method and consistent model selection for high-dimensional sparse linear models[J]. Institute of Statistical Science, Academia Sinica, 2011, 21(4): 1473-1513.

[28] TIBSHIRANI R. Regression shrinkage and selection via the lasso[J]. Journal of the Royal Statistical Society Series B (Methodological), 1996, 58(1):267-288.

[29] RUPPERT D. The elements of statistical learning: data mining, inference, and prediction[J]. Journal of the American Statistical Association, 2004, 99(466):567.

[30] HU L S, QI C M, CHEN S J, et al. An improved heuristic optimization algorithm for feature learning based on morphological filtering and its application[J]. IEEE Access, 2018, 6:22754-22763.

[31] KINGHORST J, BLOCH H, FAY A, et al. Integration of additional information sources for improved alarm flood detection[C]. 2017 IEEE 21st International Conference on Intelligent Engineering Systems (INES). Larnaca, Cyprus: IEEE, 2017.

[32] VOGEL-HEUSER B, SCHÜTZ D, FOLMER J. Criteria-based alarm flood pattern recognition using historical data from automated production systems (aPS)[J]. Mechatronics, 2015, 31:89-100.

[33] ZHANG Y L, CEN Y F, LUO G M. Causal direction inference for network alarm analysis[J]. Control Engineering Practice, 2018, 70: 148-153.

[34] FOLMER J, SCHURICHT F, VOGEL-HEUSER B. Detection of temporal dependencies in alarm time series of industrial plants[J]. IFAC Proceedings Volumes, 2014, 47(3):1802-1807.

[35] HU W K, WANG J D, CHEN T W, et al. Cause-effect analysis of industrial alarm variables using transfer entropies[J]. Control Engineering Practice, 2017, 64:205-214.

[36] AHMED K, IZADI I, CHEN T, et al. Similarity analysis of industrial alarm flood data[J]. IEEE Transactions on Automation Science & Engineering, 2013, 10(2):452-457.

[37] HU W K, WANG J D, CHEN T W. A local alignment approach to similarity analysis of industrial alarm flood sequences[J]. Control Engineering Practice, 2016, 55:13-25.

[38] WEIß I, KINGHORST J, KRÖGER T, et al. Alarm flood analysis by hierarchical clustering of the probabilistic dependency between alarms[C]. 2018 IEEE 16th International Conference on Industrial Informatics (INDIN). Porto, Portugal: IEEE, 2018.

[39] SUN S L, LIN H L, MA J, et al. Multi-sensor distributed fusion estimation with applications in networked systems: a review paper[J]. Information Fusion, 2017, 38:122-134.

[40] LI C Z, MAHADEVAN S, LING Y, et al. Dynamic Bayesian network for aircraft wing health monitoring digital twin[J]. AIAA Journal, 2017, 55(3):930-941.

[41] TANG Y C, ZHOU D Y, XU S, et al. A weighted belief entropy-based uncertainty measure for multi-sensor data fusion[J]. Sensors, 2017, 17(4):928.

[42] ZADEH L A. Fuzzy sets[J]. Information and Control, 1965, 8(3):338-353.

[43] LI D W, YANG F B, WANG X X. Crop region extraction of remote sensing images based on fuzzy ARTMAP and adaptive boost[J]. Journal of Intelligent & Fuzzy Systems, 2015, 29(6): 2787-2794.

[44] DEMPSTER A P. Upper and lower probabilities induced by a multivalued mapping[J]. Annals of Mathematical Statistics, 1967, 38(4): 325-339.

[45] SHAFER G. A mathematical theory of evidence[M]. Princeton, USA: Princeton University Press, 1976.

[46] DENG Y. Generalized evidence theory[J]. Applied Intelligence, 2015, 43(3):530-543.

[47] ZHANG X G, MAHADEVAN S. A bio-inspired approach to traffic network equilibrium assignment problem[J]. IEEE Transactions on Cybernetics, 2018, 48(4):1304-1315.

[48] YUAN K J, XIAO F Y, FEI L G, et al. Modeling sensor reliability in fault diagnosis based on evidence theory[J]. Sensors, 2016, 16(1):113.

[49] HAN D Q, LIU W B, DEZERT J, et al. A novel approach to pre-extracting support vectors based on the theory of belief functions[J]. Knowledge-Based Systems, 2016, 110:210-223.

[50] GHORABAEE M K, ZAVADSKAS E K, AMIRI M, et al. A new method of assessment based on fuzzy ranking and aggregated weights (AFRAW) for MCDM problems under type-2 fuzzy environment[J]. Economic Computation and Economic Cybernetics Studies and Research, 2017, 50(1):39-68.

[51] YAGER R R. On the dempster-shafer framework and new combination rules[J]. Information Sciences, 1987, 41(2):93-137.

[52] MURPHY C K. Combining belief functions when evidence conflicts[J]. Decision Support Systems, 2000, 29(1):1-9.

[53] DENG Y, SHI W K, ZHU Z F, et al. Combining belief functions based on distance of evidence [J]. Decision Support Systems, 2005, 38(3):489-493.

[54] 李宏彦,杨久霞,吕艳英,等. TFT-LCD 用彩色滤光片[J]. 现代显示, 2005(6):41-44.

[55] DASH M, LIU H. Feature selection for classification[J]. Intelligent Data Analysis, 1997, 1(1-4):131-156.

[56] NAHMIAS S, OLSEN T L. Production and operations analysis[M]. Long Grove, Illinois: Waveland Press Inc, 1997.

[57] NARAYANAN N H, VISWANADHAM N. A methodology for knowledge acquisition and reasoning in failure analysis of systems[J]. IEEE Transactions on Systems, Man, and Cybernetics, 1987, 17(2):274-288.

[58] KENNEDY J, EBERHART R C. Particle swarm optimization (PSO)

[J]. IEEE International Conference on Neural Networks, Perth, Australia, 1995:1942-1948.

[59] XU J, CHANG H Y. The discrete binary version of the improved particle swarm optimization algorithm[C]//2009 International Conference on Management and Service Science, Beijing, China: IEEE, 2009:1-6.

[60] 胡乃平, 宋世芳. 一种局部与全局相结合的微粒群优化算法[J]. 计算机工程, 2008(17):205-207,210.

[61] SHI Y H, EBERHART R C. Empirical study of particle swarm optimization[C]//Proceedings of the 1999 Congress on Evolutionary Computation. Washington D. C. , USA: IEEE, 1999:1945-1948.

[62] YAHIA N B, SAOUD N B B, GHEZALA H B. Evaluating community detection using a bi-objective optimization[C]//Intelligent Computing Theories, Springer, 2013:61-70.

[63] DIGALAKIS J G, MARGARITIS K G. An experimental study of benchmarking functions for genetic algorithms[J]. International Journal of Computer Mathematics, 2002, 79(4):403-416.

[64] NEZAMABADI-POUR H, ROSTAMI-SHARBABAKI M, MAGHFOORI-FARSANGI M. Binary particle swarm optimization: challenges and new solutions[J]. The Journal of Computer Society of Iran (CSI) on Computer Science and Engineering(JCSE), 2008, 6(1A): 21-32.

[65] YANG F, SHAH S L, XIAO D, et al. Improved correlation analysis and visualization of industrial alarm data[J]. ISA Transactions, 2012, 51(4):499-506.

[66] ARROYO E, FAY A, CHIOUA M, et al. Supporting plant disturbance analysis by dynamic causal digraphs and propagation look-up tables[C]//IEEE International Conference on Intelligent Engineering Systems. Bratislava, Slovakia: IEEE, 2015.

[67] MATHIEU J, VENTURINI T, HEYMANN S, et al. ForceAtlas2, a continuous graph layout algorithm for handy network visualization designed for the gephi software[J]. PLOS ONE, 2014, 9(6):e98679.

[68] GHASEMIGOL M, YAZDI H S, MONSEFI R. A new hierarchical clustering algorithm on fuzzy data (FHCA)[J]. International Journal of

Computer and Electrical Engineering,2010,2(1):134-140.

[69] SHANNON C E. A mathematical theory of communication[J]. The Bell System Technical Journal,1948,27(3):379-423.

[70] SU X Y,MAHADEVAN S,XU P D,et al. Handling of dependence in Dempster-Shafer theory[J]. International Journal of Intelligent Systems,2015,30(4):441-467.

[71] HAN D Q,DENG Y,HAN C Z,et al. Weighted evidence combination based on distance of evidence and uncertainty measure[J]. Journal of Infrared and Millimeter Waves,2011,30(5):396-400.

[72] 维克托·迈尔·舍恩伯格,周涛. 大数据时代 生活、工作与思维的大变革[J]. 人力资源管理,2013(3):174.

[73] 杨俊刚,张洁,秦威,等. 面向半导体制造的大数据分析平台[J]. 计算机集成制造系统,2016,22(12):2900-2910.

致　　谢

感谢大规模个性化定制系统与技术全国重点实验室、上海交通大学机械与动力工程学院-卡奥斯新一代工业智能技术联合研究中心、国际数据空间(IDS)中国研究实验室、上海市推进信息化与工业化融合研究中心、上海市网络化制造与企业信息化重点实验室对本书的资助。

本书得到了国家自然科学基金面上项目(批准号：72371160)、大规模个性化定制系统与技术全国重点实验室开放课题(批准号：H&C-MPC-2023-03-01、H&C-MPC-2023-03-01(Q))、上海市促进产业高质量发展专项(批准号：212102)的资助。